Arrière-pensées

J'AI LU

PIERRE DAC

Dico Franco-Loufoque	*Librio n°* 128
Arrière-pensées	*J'ai lu* 5619/**G**
Essais, maximes et conférences	
L'os à moelle	

PIERRE DAC ET LOUIS ROGNONI

Bons baisers de partout - 1	*Librio n°* 275
Bons baisers de partout - 2	*Librio n°* 292
Bons baisers de partout - 3	*Librio n°* 326

Pierre Dac

Arrière-pensées

Édition réalisée
par Jacques Pessis

Éditions J'ai lu

ATTENTION !

Une édition originale sur papier peint, couverture tissu éponge et jaquette de cérémonie est également disponible, au prix raisonnable et abordable de 99,00 F, taxes, TVA, BHV, HLM, service et couvert compris. En vente chez votre quincaillier habituel.

Je me suis souvent demandé où j'allais chercher tout ce que je trouve. Et je n'ai jamais trouvé de réponse à me faire...

PIERRE DAC
(1893-1975)

AVANT D'EN RIRE...

Pierre Dac était, à sa manière, un digne successeur de Pascal. En 1972, il publie des *Pensées* régulièrement citées depuis par plusieurs générations de lecteurs, dans les bureaux, les cours de lycées et les dîners mondains. De plus, pendant le tournage de ses films, le réalisateur Bertrand Tavernier a pris l'habitude de mettre son équipe de bonne humeur en inscrivant l'une de ces *Pensées* en exergue du plan de travail de la journée.

L'origine des premières maximes du « Roi des Loufoques » remonte au début des années vingt. Le jeune André Isaac vient de débuter à *La Vache Enragée* et à *La Lune Rousse* sous le pseudonyme de Pierre Dac. Son style, vif et moderne, a immédiatement fait l'unanimité, en particulier auprès des jeunes. Les spectateurs se déclarent particulièrement séduits par les courtes formules qu'il débite, le visage grave et l'œil bleu profondément rieur. Il a commencé par en lancer quelques-unes entre deux chansons d'actualité, mais leur impact est si fort qu'il s'est finalement décidé à les regrouper dans un sketch de deux pages intitulé *Pensées et Maximes.*

Trois quarts de siècle plus tard, le nombre de feuillets a considérablement augmenté. Très à l'aise dans cette forme de créativité, le Roi des Loufoques n'a en effet jamais manqué l'occasion de coucher sur le papier, d'une écriture ronde et appliquée, les conclusions absurdes de son observation attentive du monde. Au détour d'une chronique à la radio ou d'un éditorial dans un journal, il a ainsi régulièrement créé de nouvelles pensées ou peaufiné de plus anciennes. Remettant beaucoup plus de cent fois sur le métier son ouvrage, il a consacré des nuits entières à leur donner un impact maximal. Un jour de 1970, il me reçoit ainsi le sourire aux lèvres :

– Voilà quarante ans, j'ai lancé : « Celui qui est parti de pas grand chose pour n'arriver à rien dans l'existence n'a de merci à dire à personne. » Je me suis réveillé ce matin en me rendant compte de l'inexactitude mathématique de mon propos. Pour être tout à fait exact, j'aurais dû m'exclamer : « Celui qui est parti de *zéro* pour n'arriver à rien dans l'existence n'a de merci à dire à personne. » Désormais, c'est ainsi que je dirai cette pensée !

Pierre Dac avait, au moins, un défaut. Persuadé que, après sa mort, ses loufoqueries n'intéresseraient personne, il déchirait régulièrement ses textes pour vider ses placards et son esprit, toujours tourné vers l'avenir. Il a ainsi résolument refusé d'écrire ses souvenirs et les seuls *Mémoires* qu'il revendiquait, publiés dans les pages qui suivent, en guise de préambule, datent de 1926, c'est-à-dire de l'époque où il était encore un jeune chansonnier débutant.

Ce recueil d'*Arrière-Pensées* doit donc être considéré comme un miracle. En fouillant, page après page, des archives que j'ai à peu près reconstituées après plus de dix ans de recherches*, j'ai découvert des maximes dont l'auteur avait sans doute oublié jusqu'à l'existence. Il ne s'agit pas, je le précise tout de suite, de fonds de tiroir permettant d'ajouter un volume à l'œuvre littéraire de mon oncle adoptif. Ces *Arrière-Pensées* ne sont pas des pensées d'arrière-garde ! En mon âme et conscience, je considère que leur qualité devrait leur permettre de passer au moins aussi largement à la postérité que celles contenues dans le premier recueil de *Pensées*. Nées, entre 1926 et 1974, sous un crâne éternellement dégarni, elles n'ont paradoxalement pas pris le moindre cheveu blanc. On les croirait écrites par les enfants de

* Petite annonce personnelle : Au secours ! Le numéro 108 de *L'Os à Moelle* de 1940, le dernier avant l'Occupation de Paris, est apparemment introuvable. Les enregistrements des 213 épisodes de *Malheur aux Barbus*, avec Francis Blanche, ont disparu des archives de la radio. Je serais reconnaissant à tout lecteur en possession de l'un ou l'autre de ces éléments d'entrer en contact avec moi, via le cherche midi éditeur.

Coluche, Pierre Desproges et des Guignols de l'Info alors qu'elles sont l'œuvre de leur grand-père...

Ce remède contre la morosité ambiante est complété, dans ce volume, par l'évocation d'une série d'informations qui, au début des années 60, a ébranlé la planète, sans être pour autant retenu par les historiens :

De Santiago du Chili :
la pharmacie Lopez sera de garde
dimanche prochain.

Pierre Dac avait souvent évoqué cet événement mais sans jamais se préoccuper de la chronologie exacte des faits. Il m'a semblé utile de l'établir. Certains s'exclameront sans doute :

– Trente ans après, n'est-ce pas un peu tard ?

À ces contradicteurs, Pierre Dac, s'il était encore parmi nous, aurait sans doute répondu :

– Peut-être, mais mieux vaut potard que jamais !

Jacques Pessis

DERNIÈRE MINUTE

De Santiago du Chili :

C'est la pharmacie Lopez qui sera de garde dimanche prochain.

MÉMOIRES
(1926)

Je suis né à l'âge de quatre ans et demi.

C'est-à-dire que, dès ma naissance, j'étais déjà très avancé pour mon âge.

De fort bonne heure, je marquai des dispositions spéciales pour l'étude des langues vivantes : mes parents encouragèrent ces dispositions polyglottes et me firent apprendre le strabisme et le samovar, ce qui me permit, dès la dixième année, de traduire en ces deux idiomes le récit émouvant de l'entrée des marchands de tonneaux en Avignon sous Louis XII.

Je n'eus pas de première culotte, j'eus tout de suite ma deuxième, car ma précocité se manifestait également dans le domaine vestimentaire. Je me souviens d'ailleurs avec douceur de cette deuxième culotte. C'était une espèce d'ancien cache-nez qui avait été taillé dans un gilet de flanelle ayant appartenu à un de mes oncles, lequel gilet provenait d'un très vieux chapeau bolivar qui avait été la propriété d'un homme de cheval décédé prématurément en Mozambique au cours d'un festival de coups de matraque.

À onze ans et demi, je fus atteint d'une angine à la rotule gauche dont je fus rapidement guéri grâce à des injections intramusculaires de chicorée sauvage et d'abricots du Brésil.

Vers la quinzième année, les arts plastiques sollicitèrent l'intérêt de mon jeune enthousiasme. La sculpture n'eut bientôt plus de secrets pour moi et on peut encore admirer à l'heure actuelle, au musée du Foie de volailles de Sarrebruck, un joli groupe signé de moi représentant un magasinier félicité par son patron.

L'art pictural eut également ma faveur et ce n'est pas sans une intense émotion que je me rappelle les félicitations du jury qui récompensèrent mon envoi au Salon de l'escalope panée. C'était une peinture à l'huile et au vinaigre intitulée *Matin d'avril* et qui représentait, au saut du lit, un joyeux boulevardier tenant d'une main l'extrémité de sa chemise de nuit en ayant l'air de dire : « Je ne sais pas ce que j'ai dans l'œil. »

Vers dix-sept ans, âge du printemps de l'amour, il m'advint une aventure extrêmement drolatique et cocasse. C'était tellement irrésistible que j'en ris encore aux larmes rien que d'y penser. J'eusse été ravi de vous la raconter dans le détail, persuadé qu'elle vous eût agréablement diverti, mais il me revient tout à coup que c'est à un autre et non à moi que cette aventure est arrivée, ce qui n'offre plus aucun intérêt.

À dix-huit ans et deux mois, ma famille donna une grande réception à l'occasion de mes seize ans et demi qu'on avait totalement oublié de célébrer à l'époque. Ce fut une fort belle cérémonie à l'issue de laquelle la plupart des invités purent regagner leur domicile après pansement, à l'exception d'une demi-douzaine dont les funérailles furent particulièrement amusantes. En dehors des beaux-arts, je m'intéressais à l'art culinaire avec toute la ferveur de mon *curriculum vitae*. À dix-neuf ans moins un jour, j'inventais la sauce aux câpres sans câpres dont je vais me faire un plaisir de vous donner la recette.

Vous prenez un litre d'eau ordinaire que vous faites soigneusement bouillir. Quand elle est bien bouillie, vous prenez un second litre d'eau que vous faites tiédir au bain-marie.

Ceci fait, vous versez goutte à goutte un autre litre d'eau fraîche dans l'eau tiède afin d'obtenir une bonne liaison. Vous laissez légèrement épaissir sur le coin du feu. Pendant ce temps-là, vous montez en neige un bon litre et demi d'eau et vous incorporez cet appareil dans votre première préparation. Si votre sauce est un peu ferme, vous l'allongez avec un peu d'eau légèrement dégourdie pour éviter que ça attache. Vous enfournez à feu vif pendant quarante minutes, vous démoulez et, pour clarifier, vous délayez le tout dans cinq litres d'eau.

Vous avez alors ce qu'on appelle le concentré de sauce aux câpres qui, étant donné sa force de concentration, ne peut être utilisé tel que pour les besoins de la cuisine. Si l'on veut s'en servir, il est indispensable de l'étendre avec de l'eau dans la proportion de gros comme la tête d'un âne sur la pointe d'une épingle pour dix litres d'eau. Vous obtenez ainsi une sauce aux câpres très honorable et fort agréable au goût.

J'inventais encore bien d'autres choses, telles que le sandwich à la gabardine permettant de casser la croûte sous la pluie. Et quand je vous aurai dit que je terminais mes études en passant brillamment l'examen du permis de conduire des rouleaux compresseurs, je vous aurai à peu près tout dit sur les premières années de mon existence. Espérant que ces quelques souvenirs auront eu l'heur de vous intéresser, je vous prie d'agréer l'assurance de mes sentiments sédatifs, limitrophes et périphériques.

DERNIÈRE MINUTE

De Santiago du Chili :

Contrairement à ce qui a été annoncé, ce n'est pas la pharmacie Lopez, mais la pharmacie Gomez qui sera de garde dimanche prochain.

Pensées de bon sens

S'il y avait moins de monde dans la foule, il y aurait plus de place pour chacun.

*

Ce n'est pas en tournant le dos aux choses qu'on leur fait face.

*

On n'attrape pas des mouches avec du vinaigre ni une broncho-pneumonie dans un bain turc.

*

Rien ne sert de plonger si c'est pour faire la planche.

*

De nos jours, on manque d'éducation : on dit merde comme on respire. Et comme on respire mal, on le dit vulgairement et grossièrement.

*

Le langage de la jeunesse d'aujourd'hui est à faire rougir le blanc de blanc. Ce ne sont qu'abréviations, borborygmes gratuits, raccourcis impudents, phrases tronquées et mutilées telles que « être *in* ou *off* », « c'est vachement bath de chouette ». Tandis que dans d'autres temps, on disait : « T'en as un œil, on dirait un fauteuil » ou « Poil au bec de gaz, mon cul sur la commode et poil au chandelier, mon cul sur la cheminée ». Ça au moins, ça voulait dire quelque chose !

*

Les véritables et authentiques hommes de bonne volonté sont ceux qui, toute leur vie durant, regrettent amèrement et sincèrement de n'avoir jamais fait le moindre effort pour régler les dettes qu'ils ont contractées au cours de leur existence.

*

DERNIÈRE MINUTE

De Santiago du Chili :

En raison du subit décès du pharmacien Gomez qui devait assurer le service dominical, c'est à nouveau la pharmacie Lopez qui sera de garde dimanche prochain. Selon certaines informations, M. Lopez serait au bord de la dépression nerveuse.

Si on ne nous mettait pas au monde, ce n'est pas le monde qui nous y mettrait.

*

Je me suis souvent demandé en vain et je me demande encore, avant de ne plus jamais avoir à me poser la question, à quoi peuvent bien songer ceux qui ne pensent à rien.

*

Se rappeler quelque chose est encore le meilleur moyen de ne pas l'oublier.

*

Le libre arbitre n'est pas à l'usage exclusif des arbitres de catch à treize et de rugby à quatre.

*

Pour celui qui est heureux de vivre, l'essentiel, s'il est content de l'existence qu'il mène, est d'être satisfait de son sort.

*

DERNIÈRE MINUTE

De Santiago du Chili :

En raison de l'évidente mauvaise volonté manifestée violemment par le patron de l'officine et de l'état de fureur dans lequel il se trouve, c'est par arrêté municipal et sous la contrainte de la garde civile que la pharmacie Lopez sera de garde dimanche prochain.

Si rien n'est plus rare que ce qui ne se produit pas souvent, en revanche, rien n'est plus fréquent que ce qui arrive constamment.

*

Une belle idée qui n'aboutit pas vaut mieux qu'une mauvaise qui voit le jour.

*

Il n'y a pas de mauvais sens, sauf parfois dans le bon. Mais cela dépend de la sauce à laquelle on le traite et de l'idée qu'on s'en fait.

*

Il faut se méfier des restaurants qui annoncent, en devanture : « Ici on mange comme chez soi. » Si c'est pour manger comme chez soi, ce n'est pas la peine d'aller ailleurs.

*

La meilleure manière de prendre un autobus en marche, c'est d'attendre qu'il s'arrête.

*

Les gens superstitieux vous recommandent de ne jamais passer sous une échelle mais ne vous empêchent pas de passer sous un taxi.

*

Une mauvaise photo qui rappelle vos traits vaut mieux qu'un beau paysage qui ne vous ressemble pas.

*

Certaines gens donnent leur parole et ne la tiennent pas. Mais comment voulez-vous qu'ils la tiennent puisqu'ils l'ont donnée ?

*

Ceux qui ont le menton en galoche et dont les dents se déchaussent y mettent vraiment de la mauvaise volonté.

*

Entre une semelle de crêpe et un double crème, il n'y a que la différence qui existe entre les choses qui n'ont aucun rapport entre elles.

*

DERNIÈRE MINUTE

De Santiago du Chili :

Exceptionnellement, et en raison de l'état de santé de M. Francisco Lopez, qui vient d'être placé en observation au centre psychiatrique de la calle San Pablo, c'est la pharmacie Arturo Alvarez, 1986 avenida Pedro-di-Validvia, qui sera de garde dimanche prochain.

En montant un escalier, on est toujours plus fatigué à la fin qu'au début. Dans ces conditions, pourquoi ne pas commencer l'ascension par les dernières marches et la terminer par les premières ?

*

Mais où se trouve exactement située la ville de Saint-Gétorix ? J'ai mille fois entendu dire vers Saint-Gétorix et je ne trouve pas ce nom sur la carte.

*

C'est au moment où un homme se noie qu'il se rend compte qu'il a parfois eu tort de méconnaître les bienfaits de la sécheresse.

*

Ce n'est pas n'importe qui qui peut être quiconque.

*

Un sens interdit n'est pas un sens autorisé, mais pris à l'envers.

*

Si les hommes vivaient en moyenne six cents ans, les centenaires auraient l'air de blancs-becs.

*

Rien de ce qui est fini n'est jamais complètement achevé tant que tout ce qui est commencé n'est pas totalement terminé.

*

Donner avec ostentation, ce n'est pas très joli, mais ne rien donner avec discrétion, ça ne vaut guère mieux.

*

Quand les cent bouches de la renommée se taisent, ça fait plus de bruit que lorsqu'elles parlent.

*

Quand il y a du mieux dans le moins mal et du moins mal dans l'un peu mieux, c'est que ça va moins mal. Dans ce mieux moins mal et ce mal mieux, l'mieux va moins mal et l'mal va mieux. En somme, dans l'attente d'être heureux, on se prépare à aller mieux.

*

DERNIÈRE MINUTE

De Santiago du Chili :

L'état de santé de M. Lopez, en dépit d'une progressive amélioration, appelle malgré tout une prolongation de sa mise en observation au centre psychiatrique de la calle San Pablo. Tous ses collègues de la ville s'étant, par esprit de solidarité, récusés à l'unanimité, il n'y aura pas de pharmacie de garde dimanche prochain.

En revanche, et par simple souci d'élémentaire humanité, la teinturerie Federico Montanez restera ouverte pendant toute la journée afin d'assurer le service.

La parole sans réflexion, c'est des olives sans saucisson.

*

Il n'y a pas à tortiller du cuir chevelu pour friser droit.

*

Il est préférable, pour se désaltérer, de prendre un verre d'eau gazeuse plutôt qu'un grand seau de poussier.

*

Il n'y a plus d'ambiance. Quand il y en avait, fallait en conserver, en mettre de côté. Maintenant, le stock est épuisé, on est bien avancé. Y a vraiment de quoi se mettre les rotules dans la poche revolver.

*

Quand les pouvoirs publics auront compris que l'ambiance est nécessaire au salut du pays, l'industrie retrouvera sa force et son éclat, le commerce ses jambes et l'agriculture ses bras.

*

DERNIÈRE MINUTE

De Santiago du Chili :

M. Francisco Lopez, le pharmacien bien connu, s'est échappé du centre psychiatrique où il était en observation depuis deux semaines, et a disparu dans la jungle. Pour marquer le coup, et avec l'approbation du conseil de l'ordre, tous ses confrères ont décidé une grève illimitée. Il n'y aura donc pas de pharmacie de garde dimanche prochain. En revanche, afin que la population n'en supporte pas les fâcheuses conséquences, les marchands à la sauvette et les camelots seront autorisés à vendre, à la criée, tous produits et articles pharmaceutiques de remplacement. L'émotion est à son comble dans la capitale chilienne, où M. Lopez ne compte que des amis et des gens qui ne peuvent pas le sentir.

Il vaut mieux être assommé à grands coups de sucre d'orge qu'à coups de tisonnier.

*

Le chansonnier moderne cultive ses pectoraux et démolit les badernes en trois coups de groseille à maquereau.

*

Au temps du Jugement dernier, quand, comme il est dit dans la Bible, les premiers seront les derniers, ça fera une pagaille terrible : aucun ne voudra entrer le premier.

*

Chaque fois que j'entends Mistinguett chanter *Ça c'est Paris,* je me dis que si ça, c'est Paris, c'est qu'il est bougrement décati.

*

Certains écrivains qui se déclarent le fils de leurs œuvres sont nés de parents méconnus.

*

On peut transpirer de bonheur, être moite d'émotion ou, plus encore, être Moite et Chandon.

*

Ah ! que la vie serait jolie si elle pouvait s'écouler au gré de notre fantaisie. Si, touché par la grâce divine, un législateur nous disait : « Plus de code, plus de discipline, faites simplement ce qui vous plaît. » Alors, nous partirions le cœur à l'aise et irions, au son du jazz, chanter en grec la Marseillaise devant la Compagnie du Gaz.

*

Face aux veaux qui, sentant le rance, exhalent un relent nouveau, on peut dire sans outrance : « Il y a des relents de rance veau. »

*

La vie est parfois amère. Face aux traditions et aux convenances qui brisent nos plus généreux élans, nous croupissons dans l'impuissance comme une rose dans du vin blanc.

*

Si nous payons les pots cassés, c'est que nous en avons profité.

*

L'inventeur de la saucisse c'est Cicéron, puisque le bout de la saucisse est rond.

*

La chaleur dilate les corps, le froid les contracte. Ça fait une bonne moyenne.

*

Enghien vaut mieux que Dreux tu l'auras.

*

Un bon « tiens » de n'importe quoi vaut mieux qu'une grande claque dans la figure.

*

C'est par la somme des mois qu'on dresse le bilan de l'année.

*

DERNIÈRE MINUTE

De Santiago du Chili :

Le désormais célèbre potard de l'avenida San Martin, qui avait disparu dans la jungle, vient de faire sa réapparition comme si de rien n'était. Observant un mutisme complet, il s'est refusé à toute déclaration. Il s'est contenté, d'un air ulcéré, d'accrocher à la porte de son officine, l'écriteau suivant : « Par mesure de rétorsion, c'est la pharmacie Lopez qui sera de garde, non seulement dimanche prochain, mais encore toutes les nuits de la semaine suivante. » Une section de surveillants hospitaliers et d'assistantes sociales campe à proximité, prête à parer à toute éventualité.

Un handicap peut se transformer en avantage à condition qu'il soit de bonne espérance.

*

Quand on est trop bonne pâte, on risque de finir dans le pétrin.

*

Soigner ses portes est un devoir civique et moral. Pas question, en effet, de les laisser claquer.

*

Un bon divan est souvent ce qu'il y a de plus efficace pour meubler une conversation.

*

Comment expliquez-vous qu'on puisse avoir dans le nez des gens qu'on ne peut pas sentir ?

*

Les scènes de ménage sont souvent l'œuvre de couples qui n'ont plus rien à se dire.

*

C'est en n'ayant pas les moyens de faire des études pendant douze ans pour obtenir une agrégation de physique qu'on devient forgeron.

*

On parle souvent du Nouveau Testament sans dire qui a hérité de l'Ancien.

*

Les meilleurs moments, dans la vie à deux, c'est quand on est tout seul.

*

Le pressentiment, c'est le souvenir du futur.

*

Un coup de pied au derrière fait souvent plaisir. Surtout quand on le donne.

*

Le calendrier est une invention néfaste. C'est à cause de lui qu'on se voit vieillir.

*

L'eau chaude, c'est de l'eau froide qu'on a fait chauffer.

*

L'eau tiède, c'est de l'eau chaude qui a pris froid.

*

Les détracteurs agricoles sont les dépréciateurs de l'agriculture.

*

Spinoza, dans son *Traité de la politique*, dit que le « droit de chacun n'a de limites que la puissance et l'impuissance ». Ce qui devrait motiver et justifier la création d'un ministère de l'Éducation nationale sexuelle politique.

*

Ceux qui achètent, échangent ou vendent n'importe quoi à n'importe quel prix peuvent donner rendez-vous n'importe où et à n'importe quelle heure : n'importe comment, il n'y aura jamais personne.

*

DERNIÈRE MINUTE

De Santiago du Chili :

La question du tour de garde dominical de la pharmacie Lopez est largement dépassée. En effet, son propriétaire, dans les yeux duquel passent d'inquiétantes lueurs, a décidé de la laisser ouverte vingt-quatre heures sur vingt-quatre pour une durée illimitée. En revanche, il se refuse obstinément à vendre quoi que ce soit et à exécuter les ordonnances qu'il déchire systématiquement sans même daigner en prendre connaissance.
Le conseil de l'ordre des pharmaciens siège sans désemparer pour essayer de trouver une solution susceptible de mettre fin à ce scandale qui bouleverse l'opinion publique.

Quand on a exercé la profession de garde des corps d'une grande banque, on ne peut, ensuite, qu'accepter une place en or.

*

S'il n'est pas permis de vivre très vieux, qu'on nous laisse au moins naître plus tôt.

*

Quand on a rien à perdre et tout à gagner, on s'arrange toujours pour y perdre quand même quelque chose.

*

Puisqu'un homme averti en vaut deux, nous sommes près de cent dix millions de Français à constater qu'il y a du mou dans la corde à nœuds.

*

Il faut se suicider jeune quand on veut profiter de la mort.

*

Le 1er-Mai, les accidents de repos devraient être pris en charge par la Sécurité sociale.

*

Les réactionnaires sont parfois les plus progressistes. La preuve : les avions à réaction avancent plus vite que les autres.

*

Écouter les autres, c'est encore la meilleure façon d'entendre ce qu'ils disent.

*

Le plus court chemin d'un point à un autre est exactement le même dans le sens inverse.

*

Si la natalité est en baisse et si l'on manque d'enfants, c'est la faute de nos grands-parents qui n'ont pas fait assez de parents.

*

DERNIÈRE MINUTE

De Santiago du Chili :

Ça ne s'arrange pas. Ça aurait plutôt tendance à s'aggraver. M. Francisco Lopez, tout en maintenant son officine ouverte en permanence, continue obstinément à refuser de servir la clientèle. En revanche, il a installé à la porte de sa boutique un tourniquet et tracé au minium, sur la place de sa devanture, l'inscription suivante : « Musée des Poisons ». Il fait ainsi payer quatre escudos pour entrer, trois autres pour la visite des lieux et de son stock, plus cinq pour jeter un bref coup d'œil sur son laboratoire de préparations et, enfin, quatre cent cinquante centavos pour avoir le droit de s'en aller. Il prétend que ces sommes sont recueillies au profit des sous-officiers sous-développés de la garde pharmaceutique républicaine. Depuis qu'il a pris cette mesure, son officine ne désemplit pas. Le président de l'ordre des pharmaciens a tenté de se donner la mort en avalant un tube de barbituriques heureusement vidé de son contenu. On en est là.

Quand la moisson est pauvre, le pain n'a qu'un croûton.

*

Ne pas dételer est un bon principe à condition que les brancards tiennent bon la rampe.

*

Mieux vaut s'attendre au prévisible que d'être surpris par l'inattendu.

*

Le devoir de se montrer ferme sur les prix ne donne pas à la viande le droit de se montrer ferme sous la dent.

*

Dans un mess d'officiers, le menu militari est de rigueur.

*

Quand une andouille franchit le mur du saucisson, ça fait du bruit dans la cuisine nucléaire.

*

Vivre hors du monde tout en restant dans les temps n'est pas à la portée de n'importe qui.

*

En mettre de côté pour en avoir devant soi demeure le principe directeur de tous ceux qui ont compris qu'il faut prendre les devants quand on veut assurer ses arrières.

*

Il n'y a rien de plus facile que de trouver une aiguille dans une botte de foin : il suffit de brûler la botte. L'aiguille apparaîtra ensuite, mais flambée.

*

Quoi de mieux qu'une plume bien ronde pour dessiner un carré ?

*

L'homme fort a parfois des faiblesses d'autant plus fortes que les circonstances lui interdisent d'être un homme faible.

*

DERNIÈRE MINUTE

De Santiago du Chili :

M. Francisco Lopez vient de mettre sa pharmacie en vente.

Sauf quand elles sont à l'ordre de l'armée, les citations n'ont pas besoin d'être exactes.

*

La devise du bon météorologue c'est: « Chaque chose en son temps. »

*

Quand on entre dans une boutique et qu'il n'y a personne, ce n'est vraiment pas la peine de dire bonjour.

*

Ceux qui ont une tête d'homme de main n'ont aucune raison de casser les pieds à qui que ce soit.

*

L'homme qui, de temps à autre, ne cherche pas à s'évader du souci quotidien pour s'occuper des tracas journaliers, est comparable à celui qui, à force de manger des crêpes, finit par avoir l'estomac en deuil.

*

Les bleus d'Auvergne ne sont pas forcément de jeunes incorporés originaires de la province d'Auvergne.

*

On peut parfaitement recevoir un mauvais gauche tout en étant dans son bon droit.

*

Personne n'est responsable de rien à part les autres qui sont capables de tout.

*

Après tout et tout compte fait, si on ne peut pas faire ce qu'on veut chez les autres, autant rester chez soi.

*

Je reste parfois confondu devant l'originalité de la nature humaine. Songez qu'il ne faut pas moins de dix-huit années pour remplir les conditions de la pleine adolescence et que cinq minutes suffisent pour faire le plein d'une voiture de moyenne cylindrée.

*

DERNIÈRE MINUTE

De Santiago du Chili :

M. Francisco Lopez, qui a mis sa pharmacie en vente, vient de recevoir les offres d'un certain Gustav-Adolphe Otersund, également pharmacien, 81, place Oxenstiern à Göteborg (Suède). Écœuré, le président de l'ordre des pharmaciens a démissionné pour s'engager dans la Légion étrangère.

L'enthousiasme est au peuple ce que le croissant de lune est au petit déjeuner des dieux.

*

Si on portait ses chaussures à la main plutôt qu'aux pieds, elles s'useraient moins vite.

*

La pluie du matin réjouit le pèlerin mais trempe les pèlerines.

*

À chaque jour suffit sa peine, à condition que la paye tombe bien en fin de mois.

*

Aux grands maux les grands remèdes et aux mots croisés les bonnes grilles.

*

La pensée s'en va, les mégots restent et le tout-à-l'égout.

*

Il est beaucoup moins important de faire avec effort plusieurs choses qui vous rapportent peu que d'en rapporter une payante qui ne vous a rien coûté.

*

Porter un veston d'alpaga, c'est bien, mais le remplacer par un kimono, c'est une autre paire de manches.

*

Un kilo de plomb est nettement plus lourd qu'un kilo de plumes. Si quelqu'un vous dit le contraire, frappez-le alternativement, à poids égal, avec l'une ou l'autre de ces matières. Il ne devrait pas tarder à vous donner raison.

*

On a beau intervertir l'ordre des facteurs, le courrier n'arrive pas plus vite.

*

Pour partir ensemble, il est préférable de s'en aller en même temps.

*

Les croulants prématurément fossilisés ne se rendent pas compte que c'est en mettant la jeunesse en boîte qu'ils donnent à celle-ci le maximum de chances de se garder en conserve.

*

Les loups ne se mangent pas entre eux, mais le bifteck se mange avec des frites.

*

La stabilisation est à l'équilibre ce que la barre fixe est au trapèze volant.

*

Si la France est une dans sa diversité, sa diversité est une dans la dispersion de son unité.

*

Une bonne grippe ne vaut guère mieux qu'une mauvaise, et réciproquement.

*

Il ne faut jamais jeter le manche après la cognée ni la vaisselle et les ordures par la fenêtre.

*

Se laisser aller à la facilité, c'est faciliter le laisser-aller.

*

Il est aussi difficile de prendre les mouches avec du vinaigre que des moustiques avec un lasso.

*

Il est souvent trop tôt pour savoir s'il n'est pas trop tard.

*

C'est parce que la cire est molle que les temps sont durs.

*

Il n'y a pas de fumée sans feu pas plus que de salade sans assaisonnement et de linge sale sans tache de graisse.

*

DERNIÈRE MINUTE

De Santiago du Chili :

M. Francisco Lopez s'est envolé hier matin en direction de Göteborg (Suède) pour y discuter les conditions de vente de son officine avec son acheteur éventuel, M. Gustav-Adolphe Otersund, lequel, dans le même temps, et pour les mêmes raisons, avait pris l'avion pour la capitale chilienne.

Se rendant compte, à l'arrivée, de l'inanité de leur fausse manœuvre et afin d'en éviter le retour, ils ont immédiatement, par téléphone, pris un rendez-vous ferme en vue de se retrouver, pour le week-end, à Tanger, chez M. Fernando Lopez, frère cadet de Francisco, qui exerce la même profession que son aîné et dont, par un heureux concours de circonstances, la pharmacie sera de garde dimanche prochain.

Il n'y a, dit-on, que la vérité qui blesse. Un sac de ciment de cinquante kilos qui tombe du sixième étage d'un immeuble en construction et qui atterrit brutalement sur votre crâne doit avoir les mêmes effets.

*

Celui qui regarde avec son nez se mouche dans le néant.

*

Si vous aimez les escargots, n'en dégoûtez pas les autres : mangez-les proprement.

*

Lorsqu'on dit qu'une salle de spectacle est à moitié vide, cela signifie en même temps qu'elle est à moitié pleine.

*

De la discussion jaillit la lumière, sauf si elle dégénère en bagarre de chiffonniers, d'où il ne peut jaillir que des bouteilles de bière ou des parts de flan.

*

Tous les goûts sont dans la nature, même ceux qui sont contre.

*

Les bons comptes font les bons amis, mais les bons amis ne font pas toujours les meilleurs comptes.

*

Le soleil luit pour tout le monde, ou pour personne selon le temps qu'il fait.

*

Si vous avez les yeux plus gros que le ventre, vous n'êtes pas près de trouver une paire de lunettes.

*

Walkyrie vendredi, dimanche à l'Opéra.

*

Si la Seine coule à Paris, le brie coule à Melun.

*

DERNIÈRE MINUTE

De Santiago du Chili :

M. Francisco Lopez, le célèbre pharmacien, a disparu. Parti samedi dernier de Göteborg (Suède) en direction de Tanger, où il avait rendez-vous avec M. Gustav-Adolphe Otersund, son acheteur éventuel, il n'est pas arrivé à destination. Où et dans quelles circonstances cette invraisemblable disparition a-t-elle pu se produire ? Mystère total.

La caresse est la mère de tous les vices.

*

Traiter un préposé de crétin n'est pas toujours considéré comme franchise postale.

*

Un mauvais pli est vite pris. Surtout quand il est recommandé.

*

Les queues de poisson au volant sont exclusivement autorisées le vendredi. Les autres jours, il est recommandé aux automobilistes de choisir plutôt les queues de rumsteak, de carré de porc ou de civet de lièvre.

*

Celui qui ne sort jamais de ses gonds est comparable à l'athlète qui, à force de pratiquer la gymnastique respiratoire, finit par ne plus penser qu'à rentrer son ventre au lieu de rentrer chez lui.

*

Et dose elle vécut ce que vivent les doses : l'espace d'un vaccin.

*

Il vaut mieux chercher anguille sous roche que dans une botte de foin.

*

Une danseuse qui lève la jambe sera toujours préférable à un caissier qui lève le pied.

*

Un machin employé à la place d'un truc, c'est souvent une drôle de chose.

*

L'orgue de Barbarie est à la figue du même nom ce que la trompette bouchée est au cidre.

*

Filer la laine n'empêche pas de suivre la mode.

*

DERNIÈRE MINUTE

De Santiachi-du-Ligo* :

M. Francisco Lopez est retrouvé ! En réalité, il n'avait jamais disparu. Il s'était simplement endormi, bourré à zéro, à bord du Boeing qui le conduisait de Göteborg à Tanger, dans le poste de repos de l'équipage où l'on ne pénètre que très rarement, ce qui explique qu'il ait pu passer inaperçu. Il a été finalement récupéré hier, à l'issue des quatre autres vols Tanger-Göteborg et Göteborg-Tanger. Réveillé, il a payé de bonne grâce les suppléments qui lui étaient réclamés à juste titre. Puis, il s'est aussitôt rendu chez son frère Fernando, où il a enfin pris contact avec son éventuel acheteur M. Gustav-Adolphe Otersund.

* Veuillez nous excuser pour cette erreur. Depuis le nombre de pages que M. Francisco Lopez nous empoisonne avec sa pharmacie, nous ne savons plus très bien où nous en sommes.

Il faut toujours savoir choisir ses fromages avec discernement et, en particulier, être ferme sur les bries.

*

Un homme sans barbe, c'est comme un pot-au-feu sans légumes. Pourquoi dit-on : « Tout bonheur que la main n'atteint pas est un rêve » et jamais : « Tout malheur qu'atteint le pied est une cruelle réalité ».

*

Les hommes ne sont que ce qu'ils sont que parce que la nature n'est pas ce qu'elle est.

*

Certaines femmes rêveraient de faire plus souvent la lascive que la lessive.

*

Je me suis toujours demandé comment ceux qui mènent leur vie à grandes guides sur une grande échelle ne se cassent jamais la figure.

*

On reste confondu quand on pense qu'un homme qui gravit une côte n'aurait qu'à se retourner pour la descendre.

*

Ceux qui, en vacances, craignent les trop brutales morsures du soleil ont intérêt à se faire bronzer quand il pleut.

*

Messieurs, la vie est dure. Portez des cols mous. Ça vous fera patienter.

*

C'est pendant la canicule qu'il faut s'habiller le plus chaudement possible. Cela permet d'avoir ensuite, quand on se déshabille, une impression de fraîcheur et de bien-être incomparable.

*

L'idéal, pendant les grandes chaleurs, c'est de fumer de la glace séchée. C'est rafraîchissant et ça n'irrite pas la gorge.

*

On saisit bien mieux quand on ne comprend rien.

*

On vole à des milliers de mètres au-dessus de la terre, on descend à des centaines de mètres vers le centre de la planète, mais personne n'a jamais fait 1,75 m à gauche ou à droite de la planète. Si c'est ça qu'on appelle le progrès !

*

Les abat-jour c'est très bien. Mais pourquoi n'a-t-on jamais songé à fabriquer des abat-nuit. À l'inverse des premiers, ils réduiraient la période nocturne pour le plus grand bien de l'économie du pays et le bonheur de tous.

*

Si, au lieu de blanchir son linge, on le faisait noircir, il ne se salirait plus.

*

Si la prudence est la mère de la sûreté, elle est également la belle-mère de la P. J.

*

DERNIÈRE MINUTE

De Santiago du Chili :

On vient d'apprendre que, depuis quarante-huit heures, des pourparlers ont été engagés à Tanger entre MM. Francisco Lopez et Gustav-Adolphe Otersund. Ça n'a d'ailleurs pas été sans mal. M. Lopez ne parlant pas un traître mot de suédois et M. Otersund ignorant tout de l'espagnol, il a fallu faire appel à un interprète. Malheureusement, il ne parlait que l'espagnol et l'allemand. On a donc fait appel à un second qui ne parlait que l'allemand et l'anglais, puis à un troisième qui ne parlait que l'anglais et l'italien. De guerre lasse, on a alors appelé neuf autres interprètes s'exprimant successivement en italien et en russe, en russe et en chinois, en chinois et en français, en français et en croate, en croate et en yiddish, en yiddish et en chtimi, en chtimi et en breton, en breton et en arabe et, enfin, en arabe et en suédois ! Grâce au concours successif et alternatif de ces douze spécialistes, MM. Lopez et Otersund ont pu commencer à entamer leurs négociations. En raison de ces difficultés linguistiques, elles risquent de prendre un certain temps.

Si tous ceux qui ne font rien n'empêchaient pas les fainéants de travailler, il y aurait davantage d'ouvrage de fait.

*

Les tenues confectionnées pour l'hiver et que l'on coupe ensuite en deux peuvent être portées au printemps comme costumes de demi-saison.

*

Le sage habite au septième étage. En période difficile, il est donc mieux placé que les autres pour reprendre le dessus.

*

Il n'y a rien de plus difficile à consoler qu'un paysage désolé.

*

Lorsqu'on achète une voiture neuve, il faut se préoccuper du moteur, bien sûr, mais ne pas oublier pour autant de roder la carrosserie dans une rue étroite et, si possible, en sens interdit.

*

On dit d'une femme qu'elle est sans âge quand elle a passé celui d'en avoir un.

*

C'est dans les heures graves qu'il faut que chacun se dépêche d'attendre.

*

Plus les temps sont durs, plus le chapeau est mou.

*

Il n'est pas plus difficile de prendre quelqu'un pour un autre qu'un autre pour quelqu'un.

*

On a déjà vu des veillées sans lendemain mais jamais de lendemain sans veille.

*

La stabilisation est à l'équilibre ce que la barre fixe est au trapèze volant.

*

Si deux triangles ont quatre angles, ils ne sont pas pour autant des triangles.

*

Les femmes aux petits seins sont dans le peloton de tête.

*

Aux États-Unis, tout tourne rond parce que les rues sont à angle droit.

*

Les choses étant ce qu'elles sont, les prochains jours seront ce qu'ils seront. Ce qui ne les empêchera pas, pour autant, d'être de nature diversifiée et même contradictoire, pour peu que les circonstances s'y prêtent.

*

Un petit croquis en dit plus long qu'un grand discours, mais beaucoup moins qu'un gros chèque.

*

Sur les bancs de la faculté, il faut bien que jeunesse se tasse.

*

Refuser le prix Nobel n'empêche pas d'accepter le prix du lait.

*

La partie carrée est la quadrature du cercle vicieux.

*

La parole est à la Défense ce que le lion de Belfort est à Denfert-Rochereau.

*

C'est parce que la *Victoire de Samothrace* a perdu la tête d'étonnement que les bras de la *Vénus de Milo* lui en sont tombés de saisissement.

*

Chat congelé craint la glace bouillante.

*

DERNIÈRE MINUTE

De Santiago du Chili :

On apprend, de source sûre, qu'en dépit des efforts conjugués et méritoires des douze interprètes, ça s'accroche mal à Tanger. M. Francisco Lopez a fixé à la somme de 400 000 escudos le prix de vente de sa pharmacie et M. Gustav-Adolphe Otersund lui en a offert le double soit 1 208 000 couronnes suédoises. M. Francisco Lopez refuse obstinément d'augmenter son prix d'un seul centavo et M. Otersund de diminuer son offre d'un demi-quart de krona. On en est là.

Nous ne manquerons pas de vous tenir au courant du suivi des négociations.

On n'attache pas son chien avec du vinaigre mais on attrape les mouches avec des saucisses.

*

Il ne faut pas battre les tapis après vingt-deux heures, même avec une fleur.

*

Ce n'est pas une raison parce que rien ne marche droit pour que tout aille de travers.

*

Quand on perd la tête pour une histoire de cœur, c'est qu'on manque d'estomac.

*

Rien n'est plus révoltant pour tout homme de bonne volonté que le spectacle affligeant d'un impitoyable chef de bureau immobilier en train d'exécuter sauvagement une malheureuse et innocente porte injustement condamnée.

*

Veni, vidi, Vichy : le slogan idéal pour une certaine station thermale.

*

Il arrive, hélas, qu'on casse sa pipe après avoir été passé à tabac.

*

Le moi est haïssable, surtout quand c'est celui du terme.

*

Et si nous cessions de suivre aveuglément les modes en nous contentant d'écrire toujours à l'indicatif ?

*

Le comble de la politesse, c'est de ne pas oublier de frapper avant d'ouvrir une huître.

*

Un beau nu peut faire un vieux tableau, mais pas réciproquement.

*

On n'attrape pas les bateaux mouches avec du vinaigre. Surtout sur une mer d'huile.

*

Le jour où tous les peuples se rendront compte que le repos constitue une atteinte délibérée à la liberté du travail, le cinquième point cardinal de la production mondiale prendra enfin la place qui lui revient.

*

Il est faux de croire qu'il existe un rapport quelconque entre une mère de famille nombreuse et une machine à polycopier.

*

Ce n'est que dans les jours suivants qu'on peut vraiment se rendre compte de ce qui s'est passé la semaine précédente.

*

Dans une démocratie digne de ce nom, un téléphone en vaut un autre.

*

DERNIÈRE MINUTE

De Santiago du Chili :

On vient d'apprendre que les pourparlers engagés laborieusement à Tanger, entre MM. Francisco Lopez et Gustav-Adolphe Otersund, viennent enfin d'aboutir. Ne parvenant pas à se mettre d'accord sur le plan financier, les deux hommes ont finalement trouvé une solution élégante en procédant purement et simplement à l'échange de leurs pharmacies. En conséquence, M. Otersund devient propriétaire de la pharmacie Lopez à Santiago du Chili et M. Lopez de la pharmacie Otersund à Göteborg (Suède).

Quand tous ceux qui ne font rien n'empêcheront plus les feignants de travailler, il faudra bien que les oisifs se mettent aussi à l'ouvrage !

*

Rien ne peut servir à tout, mais tout peut très bien ne servir à rien.

*

Il est permis de dépasser les bornes, à condition toutefois de rester dans les limites.

*

Les hommes ne sont que ce qu'ils sont que parce que la nature n'est que ce qu'elle est.

*

On dit qu'il ne faut jamais battre une femme, même avec un mouchoir. Alors, avec quoi, s'il vous plaît ?

*

Il vaut mieux être sûr de l'incertain qu'incertain de la certitude.

*

La verdure est à l'homme ce que la plume de ronde est au carré de l'hypoténuse.

*

Un peuple qui ne se repose pas est un peuple qui n'est pas loin de s'asseoir à côté de son derrière.

*

C'est quand on a raison qu'il est difficile de prouver qu'on n'a pas tort.

*

Entre le papier timbré et le papier gommé, il n'y a de différence que celle qui les sépare.

*

L'homme est d'autant plus fort devant l'adversité que celle-ci est plus faible.

*

La chance, c'est une question de veine.

*

La façon de remercier dépend de ce que l'on reçoit.

*

S'il n'est pire sourd que celui qui ne veut rien entendre, il n'est pire ordure que le dernier des saligauds.

*

Ceux qui ont les mains froides et le cœur chaud n'ont qu'à se les mettre sur ce cœur pour les réchauffer.

*

À l'ère nucléaire, le proverbe : « Le jeu en vaut la chandelle » doit être remplacé par : « Le jeu de l'espace en vaut la fusée ».

*

Bien penser à tout ce qu'on dit ne signifie pas qu'on dit toujours ce qu'on pense.

*

DERNIÈRE MINUTE

De Santiago du Chili :

C'est la pharmacie Otersund qui sera de garde dimanche prochain.

L'âme des justes qui ont péri dans les fours crématoires est immortelle. La preuve, dans le ciel, j'ai vu briller des étoiles jaunes.

*

Ceux qui ne savent pas trop à quoi ils pensent sont peut-être les mêmes que ceux qui font ce qu'ils peuvent pour penser à autre chose que ce à quoi ils ne pensent pas.

*

Ceux qui ont le nez creux sentent de loin ce que les myopes ne voient que de près.

*

Les jours se suivent et ne se ressemblent pas, surtout quand ils ne ressemblent à rien.

*

Il ne faut jamais jeter le manche après la cognée, sauf si la cognée qu'on cogne vous a traité de manche.

*

Si les jeux de hasard favorisent parfois les rencontres fortuites, ces dernières dégénèrent souvent en fortes cuites.

*

Si la justice était vraiment ce qu'elle doit être, l'injustice ne serait pas ce qu'elle est.

*

La réalité ne dépasse pas plus la fiction que le shampooing ne dépasse la friction.

*

Celui qui a tout vu, tout entendu et tout vécu est en droit de conclure ainsi : « Le monde, il n'y a pas de quoi s'en faire un ! »

*

Le baccalauréat, c'est le permis de conduire le véhicule des connaissances acquises à la station-service de l'intelligence, pour faire le plein de super ou d'ordinaire.

*

Les femmes de mauvaise vie ne l'ont pas toujours belle.

*

Si Benjamin Franklin avait été parachutiste, il n'aurait jamais songé à inventer le paratonnerre.

*

Les boudins de sang bleu sont les aristocrates de la charcuterie et ceux de sang noir, les anarchistes de la triperie.

*

Le gras-double c'est du gras simple multiplié par six et divisé par trois.

*

Quand la mer est méchante, c'est que son mauvais fond marin remonte à la surface. Voilà pourquoi, quand elle est agitée, il faut y regarder à deux fois avant de s'en servir.

*

DERNIÈRE MINUTE

De Göteborg (Suède) :

En signe de joyeux accueil, la pharmacie Lopez a été désignée pour être de garde dimanche prochain, à la grande surprise de son nouveau propriétaire.

Ceux qui ont le cervelas sont ceux qui sont fatigués de manger du cervelas cérébral.

*

La mer est une vaste étendue d'eau salée, et non, en dépit de ce qu'affirment certains, un immense tas de sel recouvert d'eau douce.

*

La création des plages remonte aux temps très anciens où, pour revendiquer ses droits maritimes, la mer faisait la grève sur le tas de sable.

*

Le vrai paternalisme, c'est d'aimer les autres pour soi-même.

*

Le véritable *self-made man* est celui qui, s'étant fait lui-même, est, en même temps, le fils de ses œuvres et le père de ses enfants.

*

Dans le domaine judiciaire, si les prévenus l'étaient à temps, le banc des accusés serait souvent vide.

*

C'est quand on veut bien se donner la peine de réfléchir à quelque chose qu'il est temps d'y penser.

*

Que peut-on dire de valable de quelqu'un qui ne vous dit rien qui vaille ?

*

La marche du temps donne l'exemple de la discipline : jamais un seul jour n'a essayé d'en passer un autre avant son tour.

*

Quand les bonnes actions sont en baisse à la bourse de la vie, c'est que les obligations de la société sont sujettes à caution.

*

L'âge de la pierre polie a succédé à celui de la pierre grossière et mal élevée.

*

Il vaut mieux démarrer sur les chapeaux de roue que sur ceux des piétons.

*

J'ai vu, un 1er janvier, deux hommes tomber raides morts alors qu'ils venaient de se dire mutuellement : « Je vous souhaite tout ce que vous pouvez me souhaiter. »

*

Quand deux personnes se racontent des histoires, ils ne pensent qu'à placer la leur dès que l'autre aura fini de raconter la sienne que, d'ailleurs, ils n'écoutent pas.

*

Faire une grosse tête à un prétentieux qui l'a enflée, n'est pas à la portée de la main du crâne de n'importe qui.

*

Pour un chasseur, il n'y a rien de plus simple que de passer l'arme à gauche : il lui suffit de changer son fusil d'épaule.

*

Ceux qui ont les yeux plus gros que le ventre ne sont pas prêts de trouver une paire de lunettes à leur taille.

*

Le joyeux montagnard est celui qui, en pleine tempête, s'amuse à remplacer le cognac contenu dans le tonnelet d'un saint-bernard par de l'huile de ricin.

*

Ceux qui vivent sur un grand pied ont toutes les raisons du monde de se marier en grandes pompes.

*

La raison d'État est à la raison pure ce qu'un mauvais portrait qui rappelle vaguement vos traits est à un beau paysage qui ne vous ressemble pas du tout.

*

Celui qui pousse l'abstentionnisme jusqu'à confondre le siècle de Périclès avec l'alcool de menthe du même nom est aussi peu digne du titre de citoyen que l'avare qui marche sur les pas de celui qui le précède pour économiser les siens.

*

Pour que l'homme n'ayant pas de chemise soit heureux, il faut que la femme qui l'accompagne n'en porte pas non plus.

*

Naître ou ne pas naître, *that is the conception.*

*

Si un contradicteur vous a rivé votre clou, ne vous mettez pas martel en tête. Rivera bien qui rivera le dernier.

*

L'argent des uns n'a jamais fait le bonheur des autres.

*

Quand un faux-jeton vous adresse la parole en vous regardant droit dans les yeux, c'est la personne qui se trouve à votre droite, ou à votre gauche, qui répond généralement à votre place.

*

Si la vérité est dans le vin, qu'elle y reste !

*

Si la mie n'existait pas, de quoi seraient remplis les pains de quatre livres ?

*

Tout client de bonne volonté qui essaie loyalement de manger un steak dans un restaurant à la cuisine douteuse est en droit de se demander si c'est du bœuf qu'on a fait cuire ou du cuir qu'on a fait bœuf.

*

Comment expliquer qu'à force de manger beaucoup de pain, on finisse par avoir de la brioche ?

*

À force de chercher midi à quatorze heures, on finit par perdre son temps.

*

En dépit de ce qu'affirment certains, un oignon fait beaucoup plus pleurer qu'un œil-de-perdrix.

*

Quand, dans un proche avenir, on dira d'un homme distrait et rêveur qu'il est souvent dans la lune et qu'il y sera vraiment, je me demande la gueule que feront ceux qui ont les pieds sur terre.

*

C'est l'inconséquence et l'impatience des hommes qui ont fait les heures trop courtes ou trop longues à leur gré, malgré l'inexorable déroulement du fil des jours.

*

Si rien n'est plus rare que ce qui ne se produit pas souvent, rien n'est plus fréquent que ce qui arrive tout le temps.

*

On est en droit de se demander comment se débrouillent les victimes d'un hold-up pour obéir à un gangster qui leur commande : « Haut les mains, bas les pattes et que personne ne bouge. »

*

Entre une pipe allumée et un cigare éteint, il n'y a pas plus de différence qu'entre une tranche de veau froid et une paire de saucisses chaudes.

*

Pourquoi attend-on, pour relever le SMIG, qu'il ne tienne plus debout ?

*

Si un imbécile ne peut jamais rien faire d'intelligent, un homme intelligent peut parfois se comporter comme un imbécile.

*

Se mettre au service de la veuve et de l'orphelin ne dispense pas pour autant, quand l'occasion s'en présente, de défendre également le veuf et l'orpheline.

*

Quand une personne à qui vous avez rendu service vous dit : « Je ne sais vraiment pas comment vous remercier », répondez-lui : « Quand vous le saurez, n'hésitez pas à venir me le dire. »

*

Celui qui, victime d'un sort injuste, se retrouve à bout de recherches, de démarches de force, de souffle, de ressources, d'arguments et de nerfs, n'est pas encore, toutefois, au bout de ses peines.

*

Il ne faut jamais remettre au lendemain ce qu'on peut faire faire le jour même par un autre.

*

Il est plus agréable de déguster une coupe de champagne qu'une coupe de cheveux.

*

Quand l'agriculture manque de bras, ça n'est pas plus grave que lorsque la serrurerie manque de vis.

*

DERNIÈRE MINUTE

De Santiago du Chili :

Par respect de la tradition et par courtoisie envers le nouveau propriétaire de l'officine de l'avenida San Martin, c'est la pharmacie Otersund, (ex-Lopez) qui sera de garde dimanche prochain.

Celui qui ouvre la bouche manque toujours une bonne occasion de se taire.

*

Il faut toujours laisser s'asseoir quelqu'un que l'on soupçonne. C'est le meilleur moyen de le faire passer à table.

Pensées antiques

DERNIÈRE MINUTE

De Göteborg (Suède) :

Par considération pour le nouvel occupant de l'officine de la place Oxenstiern, c'est la pharmacie Lopez qui sera de garde dimanche prochain. M. Francisco Lopez, qui commence à la trouver saumâtre, a adressé au président de l'ordre des pharmaciens suédois une note, à peine polie, dans laquelle il déclare qu'il n'a pas quitté Santiago du Chili, dans le but d'échapper à la servitude systématique de la garde dominicale, pour que la même comédie se renouvelle à Göteborg.

Si le nom de Mordicus d'Athènes est devenu familier à chacun d'entre nous, sa vie, aussi métaphysiobiologique que métapsychophilosophique, et réciproquement, est beaucoup moins connue. Et pourtant, ce grand philosophe, cet illustre penseur ivrogne grec est l'inoubliable précurseur de la Ligue contre la tempérance et l'immortel fondateur de l'école éthylique, située sur la colline de Lycabette qui fait face à l'Acropole et pile à l'Acropierre. Il a vécu de 186 à 83 au fond de la deuxième cour à droite avant J.-C. et de 135 à 79 après la cueillette des olives en Thessalonique. Il est mort à Métaponte vers l'an 509 selon les uns, 472 selon les autres, et entre ces deux dates, selon les uns et les autres. Ce dont on est sûr, parce qu'on en est à peu près certain, c'est qu'il mourut centenaire. De toute façon, à un âge aussi avancé, un écart de trente-sept ans pour franchir le pas qui sépare la vie du trépas n'a qu'une importance aussi relative que le bénéfice réel des cinq semaines de congés payés d'un

soudeur à l'arc de cercle voltaïque des chantiers navals du bassin de Briey passées sur les plages de poussier fin de Montceau-les-Mines.
Ses principaux disciples sont Synoch de Smyrne, Ringard de Syracuse, Taxiphos de Lépante, Arnakhus d'Okhazion, Syphilas de Syphillie, Artimon de Mycènes, Léguminos de Macédoine, Pédalos des Cyclades, Endouillos de Viros, Salicilate de Salicylie, et Déconokos de Pleintubos.
Capable de parler par métaphores et de causer par expérience, il a laissé quelques dettes mais aussi un certain nombre de pensées dont voici la substantifique moelle...

DERNIÈRE MINUTE

De Santiago du Chili :

Un sensationnel coup de théâtre vient de se produire. M. Francisco Lopez a repris possession de sa pharmacie après annulation, à l'amiable, des accords passés à Tanger avec M. Gustav-Adolphe Otersund, lequel s'est contenté de déclarer évasivement qu'il s'inclinait devant la noblesse des sentiments de M. Lopez.

P.-S. : C'est la pharmacie Lopez qui sera de garde dimanche prochain.

DERNIÈRE MINUTE

De Santiago du Chili :
Confidentiel

En raison des événements, c'est pharm. Pedro Martinez qui sera de garde dim. pro. de 14 h à 16 h 30 seulement.

La véritable philosophie éthylique consiste à boire pour boire, comme les vrais artistes font de l'art pour l'art, à l'instar des purs exhibitionnistes qui exhibent pour le plaisir d'exhiber.

*

Une bonne méditation demande un cadre approprié. En ce qui me concerne, je ne peux méditer qu'au bord de quelque chose : au bord d'une mer, d'un ruisseau, d'un coteau, d'une fenêtre, d'un chapeau ou d'une assiette creuse. Le seul moyen, justement, que mes réflexions ne le soient pas.

*

Que celui qui n'a jamais pinté me jette le premier verre.

*

Le glorieux siècle de Périclès n'aurait pas été ce qu'il fut si Périclès lui-même n'y avait pas personnellement vécu et légiféré pendant qu'il y était, et réciproquement.

*

Si, pour chercher un homme, Diogène tenait une lanterne allumée à la main en plein jour, une femme n'a pas besoin de s'en accrocher une au derrière pour en trouver deux ou trois à minuit plein.

*

Si d'après Eschyle et Euripide, Électre est la mère des électrons, ce sont les moines du mont Athos qui, les premiers, ont percé le secret athosmique.

*

Celui qui ne veut pas poser un pied devant l'autre sous le fallacieux prétexte qu'il laisse trop de choses à la traîne derrière lui est comparable à la femme adultère qui trompe son époux avec son oncle, le mari de sa sœur et le fils unique de sa belle-mère, histoire de prouver aux dieux de l'Olympe qu'elle a le sens de la famille.

*

DERNIÈRE MINUTE

De Santiago du Chili :

Les circonstances étant ce qu'elles sont devenues, c'est la pharmacie Pedro Martinez qui sera timidement de garde dimanche prochain de 11 h 45 à midi et de 18 h 15 à 18 h 30. Entrée par la porte de service.

Celui qui a la vue basse et marche le front haut a toutes les chances de rouler dans la poussière et de se retrouver à plat ventre, au pied du Parthénon, après en avoir brutalement dévalé les degrés, et avant même que la Pythie de Delphes ait pu le prévenir à temps de ce qui lui pendait inéluctablement au nez.

*

Il existe une très nette différence entre l'air grave et noble des dignes archontes qui composent l'Aréopage et l'air plus ou moins vicié et pollué qu'avalent et rejettent les vulgaires pléthoriques de l'œsophage et de l'estomac.

*

Qu'on l'admette ou non et que ça plaise ou pas, les colonnes d'Hercule, pour viriles qu'elles soient, sont aussi bien descendantes que montantes, et réciproquement.

*

Le sage ne remet jamais à deux mains ce qu'il peut faire avec une seule.

DERNIÈRE MINUTE

De Santiago du Chili :

Par décision gouvernementale, c'est une pharmacie mobile de l'armée qui sera de garde itinérante dimanche prochain sous les ordres de l'adjudant-chef pharmacien Salvador Scuadron Cordinez.

Pensées secrètes

Ils n'avaient, à ce jour, jamais été révélés : ce sont les commandements du bon agent secret, établis par le colonel Hubert de Guerrelasse, chef du Sduc (Service de défense unilatérale et de contre-espionnage).

Un bon agent secret n'a pas le droit d'être malade. En cas de problème de santé, il est aussitôt remplacé par un collègue plus frais. Même un rhume de cerveau, c'est pour ses pieds !

*

Un bon agent secret doit toujours avoir présent à l'esprit que si la prudence est la mère de la Sûreté nationale, la direction de l'Interpol est la belle-sœur de celle des Renseignements généraux.

*

Pour mener à bien une mission secrète, il doit toujours voir les choses venir de loin pour être en mesure de les regarder de plus près.

*

Pour se garantir des coups bas, il ne doit porter que des slips blindés équipés d'un émetteur à ondes courtes avec batterie de rechange et dispositif de recharge automatique.

*

En situation difficile, il doit toujours avoir à l'esprit que tant que l'espoir demeure au niveau de l'espérance, il n'y a pas lieu de désespérer.

*

En cas de coup dur, il doit tirer d'abord, viser ensuite et réfléchir après.

*

Pour s'asseoir, il ne doit compter que sur ses fesses.

*

Devant un adversaire supérieur en nombre, il doit être plus fort que lui en calcul mental.

*

Il doit être capable de se camoufler en garçonnet, en basset, en saule pleureur, en pin parasol ou en chandelier à sept branches. Le déguisement en pin maritime est uniquement réservé aux services de renseignements de l'Aéronavale.

*

Au téléphone, il doit composer toujours un faux numéro pour mieux dissimuler celui qu'il désire obtenir.

*

Il doit savoir imiter à s'y méprendre le cri de la langouste en chaleur et l'appel nostalgique du ver solitaire au fond des bois.

*

Quand il se sent épié par un agent ennemi, il doit le repérer et l'épier à son tour afin de le dérouter, de manière à ce qu'il ne sache plus exactement si celui qu'il épie ne l'épie pas aussi, et si tout en épiant, il n'est pas lui-même épié par celui qu'il est chargé d'épier en qualité d'homme de main, c'est-à-dire par les pieds.

*

Il ne doit jamais flirter avec une femme sans avoir préalablement vérifié que ce n'est pas un homme.

*

Si l'on est un agent double, il ne faut jamais se donner rendez-vous au même endroit de crainte de se retrouver tout seul ensemble.

*

Il faut se méfier des ennemis intelligents. Bien que ce ne soit pas très intelligent d'être votre ennemi.

DERNIÈRE MINUTE

De Santiago du Chili :

Depuis le retour du pharmacien Lopez à Santiago du Chili, la fièvre monte dans les chancelleries du monde entier. Le gouvernement suédois a rappelé son ambassadeur au Chili. Dans le même temps, le représentant de Santiago aux Nations unies s'est enfermé dans un mutisme menaçant. De leur côté, le Foreign Office s'agite et le Quai d'Orsay consulte. Au Kremlin, le Soviet suprême s'est réuni en séance secrète en attendant l'arrivée du secrétaire général de l'ONU qui vient d'accepter la lourde charge d'une mission de conciliation. De plus, des rumeurs impossibles à vérifier font état de mouvements de troupes chinoises à la frontière de la Mongolie extérieure. Quant à la presse mondiale, elle se tait. Et pour cause ! Les gouvernements ont imposé un *black-out* complet et un manteau de silence s'est abattu sur le monde.

La planète serait-elle, à nouveau, un volcan sur le point d'entrer en éruption ? L'espoir revient toutefois depuis une déclaration du porte-parole de l'Élysée à la sortie du Conseil des ministres : « Le président de la République française a décidé de régler l'affaire Lopez. »
La paix n'est pas encore gagnée, mais un grand pas vient d'être franchi.

Pensées scientifiques

À quoi servirait l'intelligence si l'imbécillité n'existait pas ?

*

Si la préhistoire a précédé l'histoire, il n'a jamais été démontré que la prescience ait précédé la science.

*

La spontanéité de tout mouvement personnel ou individuel n'est qu'illusoire. En effet, d'après Newton, tout ce qui bouge et remue est soumis aux lois de la gravitation universelle qui, en ce qui les concerne, régissent l'attraction de même nature ainsi que les attractions de cirque et de music-hall.

*

À l'encontre de ce que prétendent certains chercheurs scientifiques, la science infuse n'est pas une infusion de feuilles de scientisme, ni une tisane de racines carrées de plantes de culture maraîchère universelle.

*

Dans le milieu des hommes de science qui font dans la psychologie introspective, l'homosexualité est considérée comme un phénomène de transfert ou de transposition de l'introspection de conscience sur le plan postérieur de l'introspecté concerné.

*

Deux et deux font quatre à condition que huit et huit fassent seize et que deux mille huit cent quatre-vingt-quinze moins deux mille huit cent quatre-vingt-dix fassent cinq. Si un seul de ces trois éléments vient à perdre son sang-froid, c'est tout le système pythagorien qui est remis en question.

*

Si deux et deux font quatre, huit et huit font seize, seize et seize ne font absolument pas trente-neuf, quatre-vingt-quinze.

*

Au sein de l'Académie des sciences morales et politiques, il existe encore trop de politiciens scientifiques moralistes qui n'ont pas encore compris que les pays déshérités ne demandent pas mieux que de ne plus l'être.

*

En arithmétique philosophique, deux cinqsertations ne valent pas une dissertation, même à égalité relativement proportionnelle de valeur démonstrative et d'identique niveau de passage.

*

Il est beau le progrès ! Quand on pense que la police n'est même pas fichue de l'arrêter...

*

Tout corps humain plongé brusquement et de force dans un fluide lacustre, fluvial ou marin, après avoir subi une violente poussée horizontale d'arrière en avant, qui ne refait pas surface à l'issue de trente jours d'immersion profonde peut être considéré comme étant irrémédiablement et définitivement perdu.

*

Quand un problème ne se pose plus, c'est qu'il a trouvé, en son état de vol, sa solution idéale.

*

L'écoulement des eaux est relativement proportionnel à l'écoulement du temps, de la fausse monnaie, de la foule, des liquides organiques et des sécrétions nasales.

*

Aristote ayant dit : « Il n'y a de science que le général », on peut en déduire qu'entre 1958 et 1969, le général de Gaulle a été la science faite président de la République.

*

Tout ce qui est cher n'est pas bon marché. Les scientifiques l'ont démontré par A plus 39,95.

*

L'idée est un blé dont le grain semé finit toujours par produire un jour ou l'autre un pain de quatre livres.

*

La recherche fondamentale scientifique à l'état pur et intégral consiste, pour les plus purs chercheurs fondamentaux, à chercher sans trêve ni relâche avec le ferme espoir de ne jamais rien trouver.

*

Il y a autant de rapport entre une table de logarithmes et une table de multiplication qu'entre une table de bridge et une table des matières.

*

Grâce aux progrès de la médecine, il est aujourd'hui plus facile de guérir un embarras gastrique qu'un embarras de la circulation.

DERNIÈRE MINUTE

De Santiago du Chili :

Le président de la République française s'est rendu discrètement et sans escorte dimanche à la pharmacie Lopez, qui, hasard des calendriers, était de garde. Le chef de l'État a remis son ordonnance à M. Francisco Lopez. Ce dernier, visiblement ému, a promis de l'exécuter dans les délais les plus brefs, voire les moins longs, et réciproquement.

Pensées sur la politique, l'argent, le monde et le demi-monde

DERNIÈRE MINUTE

De Santiago du Chili :

Il est encore trop tôt pour se faire une idée du résultat de l'initiative du président de la République française pour régler l'affaire Lopez. Tout ce que l'on peut dire, c'est que, depuis sa rencontre historique avec le chef de l'État, M. Francisco Lopez se trouve dans un état d'exaltation qui frise le délire.
Revêtu d'un uniforme de capitaine de zouaves de 14-18, il oblige désormais chacun de ses clients à chanter *la Marseillaise* au moment de régler le moindre des achats. De plus, son officine ainsi que les produits en vente sont entièrement pavoisés de tricolore. Pour le moment, le mot d'ordre est prudence et discrétion, jusqu'à plus ample informé.

Le carré de l'hypothénuse parlementaire est égal à la somme de l'imbécilité construite sur ses deux côtés extrêmes.

*

Si gouverner c'est prévoir, prévoir c'est voir de loin. Ne serait-ce que pour y regarder ensuite de plus près.

*

Le devoir du ministre de l'Éducation Nationale serait d'imposer qu'à l'occasion de chaque rentrée des classes, les musées proposent de grandes expositions de tableaux noirs.

*

Si le Marché Commun avait été baptisé le *Distinguished market*, les Anglais auraient été les premiers à y adhérer.

*

Le postulant politicien doit établir, preuves en mains, de façon claire, que son casier judiciaire porte au moins dix condamnations pour faux, escroqueries, concussions, outrage public à la pudeur. Il doit prouver, de façon authentique, que son père était alcoolique, sa mère complètement hystérique et qu'elle passa son existence à se vendre, sans résistance, pour trois francs cinquante la séance, pourboire et accessoire compris, sur un banc de l'avenue de Clichy. Indépendamment, il doit être de l'opinion de ceux qui lui lâcheront du pognon. Enfin, il doit avoir plus l'air d'un constipé que d'un moulin à vent.
S'il remplit ces conditions, il deviendra, peut-être, un vrai politicien.

*

S'il existait une école de la politique, les locaux devraient être édifiés rue de la Santé. Les élèves pourraient s'habituer.

*

La devise du vrai politicien, c'est bon à tout, propre à rien.

*

La politique des partis fatigue les organes génitaux de la politique.

*

Un homme politique dont la vue baisse se doit de baisser avec elle.

*

Avez-vous remarqué que lorsqu'un homme d'État se félicite de certains résultats obtenus, il est à peu près le seul à le faire.

*

Si la France est une dans sa diversité, il va de soi que sa diversité est une dans la dispersion de son unité.

*

Pourquoi payer ses impôts sur le revenu ? Il vaut mieux attendre qu'ils repartent.

*

Certains se demandent, avec raison, pourquoi les lois de la pesanteur et de l'attraction universelle n'ont jamais été publiées au *Journal Officiel.*

*

La situation extérieure ne l'est véritablement que par rapport à ce qui est au-delà de la position intérieure de ceux qui la considèrent comme telle.

*

Le citoyen intègre qui n'a pas la moindre idée de ce qu'il faut faire pour mériter la couronne civique, le fait néanmoins consciencieusement, scrupuleusement avec persévérance, jusqu'au bout, sans hésitation ni murmure.

*

Le suffrage universel est, avec la femme et le cheval, la plus noble conquête de l'homme et du citoyen.

*

Le scrutin de Liszt destiné à l'électorat mélomane : la sonate au clair de l'urne.

*

Le corps d'un gouvernement qui tombe éparpille ses membres dans sa chute.

*

Les embarras de l'État sont souvent des embarras gastriques politiques.

*

Si votre voiture tombe en panne un jour de grève des transports en commun, allez à pied. Ça vous les fera !

*

Entre la diplomatie et le diplodocus, il n'y a que la différence des deux dernières syllabes.

*

Si mourir pour la patrie est le sort le plus beau, vivre pour soi est le plus digne d'envie.

*

Hommes politiques qui désirez séduire votre auditoire, ne mangez jamais de la viande hachée, ça rend la parole coupante

*

Entre un soldat de deuxième classe bouclé pour avoir égaré la boucle de son ceinturon et la photographie d'un bambin bouclé dans un album de famille, il y a la même différence qu'entre un épiphénomène et un drôle de truc.

*

Le tiers-monde, c'est le tiers provisionnel du monde entier.

*

Le racisme, c'est la leucémie du monde.

*

Les guerres surviennent toujours entre deux états de paix. Alors, supprimons les paix et nous n'aurons plus de guerres.

*

Il n'est rien de tel qu'un peuple sincère pour défendre la paix par les armes.

*

De Santiago du Chili :

Peu après l'ouverture de sa pharmacie, qui sera de garde dimanche prochain, M. Francisco Lopez a reçu une lettre que le président de la République française lui a personnellement adressée. Ouverte par erreur par les services de la Poste, elle a été immédiatement photocopiée puis communiquée à une agence de presse. Pour cette raison, nous sommes en mesure de vous en communiquer le contenu...

« Toute ma vie, écrit le président de la République française, je me suis fait une certaine idée de la pharmacie Lopez. Le sentiment, mais aussi la raison me donnent l'impression que la Providence l'a créée pour des succès achevés et des malheurs exemplaires, et réciproquement.

J'ai trouvé en vous, cher Francisco Lopez, une grandeur, une noblesse, un courage, enfin, qui m'ont touché. On vous pousse à droite, on vous tire à gauche, on sape le rocher sur lequel vous vous accrochez, les hommes et les partis s'agitent autour de vous, les intrigues se nouent et se dénouent... vous demeurez impavide, ne cédant pas à la peur ou au désespoir, repoussant les traîtres et méprisant les lâches. Vous attendez, sans amertume, avec la certitude qu'un jour viendra où le monde vous reconnaîtra pour un des siens.

Cher Francisco Lopez, vous avez fait naître l'espoir au sein d'une humanité malade, où des trublions d'occasion veulent, au nom de je ne sais quel idéal plus égoïste que philosophique, jeter la discorde et la haine. Pour vous, j'en suis certain, cher Francisco Lopez, l'heure des permanences dominicales sera bientôt révolue. Vous serez bientôt, j'en suis sûr, placé devant un choix lourd de conséquences et devrez faire face au poids de vos responsabilités. De hautes aspirations vous attendent. Je vous propose de venir à Paris, chez moi, à l'Élysée, pour en discuter. »

Bien entendu, Francisco Lopez a aussitôt accepté l'invitation. À condition toutefois qu'elle tombe, c'est bien normal, entre deux de ses tours de garde dominicaux.

La discipline est la force principale de ceux qui ne savent pas se faire obéir sans commander.

*

Le monde connaîtra la paix quand les hommes apprendront la géographie sur des cartes de visite.

*

Quand le côlon est irrité, la guerre intestine n'est plus très loin.

*

Pendant une guerre, aménager les caves en cas d'attaque aérienne n'empêche pas de faire de même pour les toits en cas de bombardement souterrain.

*

La bonne humeur est la fille aînée de la puissance tranquille. Si la discipline fait la force principale des armées, le sourire est le reflet de la force morale du pays dont auquel et par lequel il est inféodé.

*

Il vaut mieux être piquet de grève que par un scorpion.

*

Si la liberté est la plus noble conquête du citoyen, la femme est la plus belle conquête de l'homme conquis par elle.

*

Quand on ne condamnera plus les portes et quand on n'acquittera plus les factures, la justice aura fait un beau demi-tour en avant.

*

Le fait d'être un homme libre ne donne pas automatiquement le droit de faire librement n'importe quoi, n'importe où et n'importe comment.

*

Les problèmes financiers de l'État étant ce qu'ils sont, il est urgent de demander aux académiciens français de remplacer, dans le dictionnaire, l'expression : « Doucement les basses » par : « Doucement les hausses ».

*

DERNIÈRE MINUTE

De Santiago du Chili :

C'est très vraisemblablement à l'occasion des fêtes de fin d'année que M. Francisco Lopez s'envolera à destination de Paris pour répondre à l'invitation du président de la République française à venir lui rendre visite en son domicile du palais de l'Élysée. En l'attente de cet événement historique, le célèbre pharmacien de l'avenida San Martin a trouvé le moyen d'accroître un peu plus encore son immense popularité. Il offrira désormais à tout acheteur de l'un de ses produits pharmaceutiques une prime exceptionnelle consistant en un lavement gracieux d'un litre et demi à la glycérine mentholée, au bouillon de légumes ou à la gratinée du chef. À consommer sur place.

Le libre citoyen à part entière est celui qui respecte la liberté de ceux qui ont l'obligeance de respecter la sienne.

*

Si le bénéfice de la liberté n'était accordé qu'à ceux qui la méritent vraiment, il n'y aurait pas tellement d'hommes pour en jouir pleinement.

*

En certaines circonstances, la prison peut servir à protéger la liberté de celui qui en est momentanément privé contre ceux qui seraient tentés de la lui supprimer définitivement s'il était libéré provisoirement.

*

S'il est courageux et respectable de gagner de l'argent à la sueur de son front, il l'est beaucoup moins de le gagner à la sueur du front des autres.

*

Dédaigner l'argent, c'est faire preuve de désintéressement, surtout quand il s'agit de celui qu'on doit.

*

Envier l'argent des autres, ce n'est pas très joli, mais c'est humain. Ne pas le rendre à celui qui l'a spontanément et généreusement prêté, c'est croire à un don du ciel.

*

Prêter à un taux usuraire, c'est usurairement usuel, d'autant que ça ne s'use que quand ça ne se prête plus.

*

Plaie d'argent n'est pas mortelle, sauf pour ceux qui en meurent parce qu'ils sont totalement démunis.

*

Le sous-développement du porte-monnaie, c'est le surdéveloppement des bourses plates.

*

Certaines dettes d'honneur mettent parfois l'honneur à bon marché et à crédit.

*

Il faut battre le fer quand il est chaud et la crème quand elle est fraîche.

De Santiago du Chili :

Afin de préparer au mieux sa rencontre avec le président de la République française, M. Francisco Lopez échange actuellement, à longueur de journée, de mystérieux coups de téléphone avec les magasins les plus luxueux et les usines les plus snobs de la capitale. Avide de savoir, une foule de plus en plus dense envahit désormais la chaussée, rendant ainsi toute circulation impossible. Pour limiter les dégâts, la police a d'abord placé l'avenida San Martin en sens interdit à chacune de ses extrémités. L'avant-veille du surlendemain, devant l'inefficacité de la mesure, elle l'a mise en double sens unique. Bien entendu, cela n'a pas arrangé les choses. En bon citoyen soucieux de rétablir l'ordre, M. Francisco Lopez a alors actionné sa pompe à sirop de tolu, ce baume provenant des forêts les plus proches, et a copieusement aspergé ses fidèles supporters qui l'ont aussitôt acclamé pour ce geste si démocratiquement adoucissant.

Les finances, c'est une affaire de budget et les chiffres n'ont de valeur réelle qu'en raison des nombres qu'ils représentent.

*

Vouloir posséder beaucoup d'argent pour contribuer à l'amélioration de la race chevaline humaine, c'est très bien. Vouloir en posséder beaucoup pour que ceux qui n'en ont pas en aient, c'est parfait. Vouloir en posséder énormément par pur esprit d'altruisme et d'humaine générosité, c'est plus que parfait. Vouloir en amasser au maximum par bas et sordide esprit d'avarice et de thésaurisation, c'est complètement con.

*

L'argent sur lequel on compte ne compte pour rien tant qu'on ne le compte pas soi-même.

*

L'or et l'argent sont d'autant plus précieux qu'on en possède plutôt moins que pas assez.

*

Si l'argent fond à 965 degrés plus ou moins centigrades, il est extrêmement rare qu'il fonde en larmes devant ceux qui pleurent parce qu'ils en manquent.

*

La pluralité des mondes n'exclut pas l'universalité du monde tout court.

*

Il faut de tout pour faire un monde, puisque le monde est un tout.

*

La pluralité des mondes est à l'universel ce que le singulier est au plural mondial.

*

Les messieurs dames du demi-monde ne sont que des demi-portions mondiales.

*

Ce n'est pas le tout d'être une femme du monde. Encore faut-il savoir de quel monde il s'agit.

*

Dans le monde du milieu, les hommes de main sont également destinés à être ceux d'après-demain et des jours suivants.

DERNIÈRE MINUTE

De Santiago du Chili :

Depuis 48 heures, sur la porte hermétiquement close et étroitement verrouillée de la pharmacie Lopez, une pancarte ainsi libellée est apposée : « Fermeture indéterminée pour cause de réouverture imminente. »
Les rumeurs les plus fantaisistes et les plus contradictoires circulent sur les raisons qui ont poussé M. Francisco Lopez à rédiger cet incompréhensible avis. En revanche, on n'a pas noté la moindre réaction officielle dans les milieux de la police et du conseil de l'ordre des pharmaciens. On murmure que, en privé, ils se seraient contentés de hausser les épaules et d'arborer un sourire complice et averti.
De son côté, M. Francisco Lopez passe ses journées dans les bijouteries de luxe ou devant les éventaires de cannes et de parapluies à sucre. On n'en sait pas plus pour le moment.

Pensées d'autre foi

DERNIÈRE MINUTE

De Santiago du Chili :

L'inquiétude règne dans tout le pays et va jusqu'à gagner les indigènes du pic de Tronador, pourtant situé dans la cordillère des Andes, à 3 471 mètres d'altitude. M. Francisco Lopez a, en effet, remplacé la pancarte : « Fermeture indéterminée pour cause de réouverture imminente » qu'il avait fait apposer sur la porte de sa pharmacie par une autre ainsi libellée : « Réouverture imminente pour cause de fermeture provisoirement définitive ». Par mesures de précaution, les autorités ont discrètement fait mettre en état d'alerte les principaux centres psychiatriques de la région.

Se retirer du monde pour entrer dans les ordres, c'est rentrer en soi-même pour y mettre de l'ordre.

*

Errare humanum est, d'accord ! Mais j'ajouterai *Errare humanum ouest*, parce qu'il n'y a aucune raison de favoriser un point cardinal plutôt qu'un autre.

*

Toutes les routes du monde aboutissent dans l'autre.

*

Si le monde d'hier n'avait pas existé, le monde d'aujourd'hui ne pourrait pas envisager celui de demain.

*

Celui qui a dit : « Rien ne va plus dans le monde, les jeux sont faits » était certainement un homme du monde du milieu des cercles mondiaux.

*

Jadis, la devise des hommes était : « Tous pour un et Dieu pour tous. » De nos jours, elle est devenue : « Chacun pour soi, rien pour les autres et 10 % de pénalités. »

*

Il existe encore des gens qui prennent le Messie pour une lanterne.

*

Le véritable athéisme consiste à croire que Dieu lui-même ne croit pas en lui.

Pensées proverbiales

DERNIÈRE MINUTE

De Santiago du Chili :

On a retrouvé la trace de M. Francisco Lopez ! Après avoir fermé sa pharmacie, il est entré pour faire retraite au monastère San Felipe de Llullaillaco, avenida Presidente Erraguriz, 3790. Tél. : 448-7.966.

La vérité du proverbe : « La chair est faible quand elle est molle » n'a jamais été démontrée par des hommes d'honneur et des femmes de petite vertu.

*

Il ne faut pas dire : « Fontaine, je ne boirai pas de ton eau », mais : « Garçon, je prendrai bien un demi ».

*

Le proverbe : « Celui qui peut le plus peut le moins » ne veut rien dire. En effet, celui qui ne peut que le moins ne peut tout de même pas faire moins que ce qu'il ne peut pas faire de plus.

*

L'habit ne fait pas le moine, mais le chapeau fait l'évêque et les quatre points les cardinaux.

*

Un bon chien vaut mieux que deux scélérats et réciproquement.

*

Qui trop embrasse mal étreint, qui mal étreint perd les pédales et qui perd les pédales se fout la gueule par terre.

*

Qui ne dit mot consent, qui se tait approuve, qui ne parle pas réfléchit, qui la boucle la ferme, qui la ferme ne l'ouvre pas, qui garde le silence renforce son mutisme et qui dit tout haut ce que les autres pensent tout bas se met à dos tous ceux qu'il a devant lui.

*

À l'impossible, dit-on, nul n'est tenu. Mais impossible n'étant pas français, ce proverbe ne concerne que les étrangers.

*

Si l'homme change d'idée comme de chemise, ceux qui ne varient jamais dans leur vision du monde doivent avoir du linge bien sale.

*

Bonne renommée vaut mieux que ceinture de flanelle de judo.

*

Bien mal acquis ne profite jamais qu'à ceux qui sont assez malins pour ne pas se faire épingler.

*

Le mieux est l'ennemi du bien, mais le pire est l'ami de l'excès.

*

Il n'y a pas de fumée sans feu, ni de téléphone sans abonnement.

*

À chaque jour suffit sa peine, à chaque pène suffit sa clé.

*

DERNIÈRE MINUTE

De Santiago du Chili :

Un coup de théâtre vient d'éclater comme un coup de tonnerre ou une grenade dégoupillée dans la capitale chilienne. Devant des journalistes venus du monde entier, M. Francisco Lopez a expliqué les raisons de sa retraite au monastère San Felipe de Llullaillaco. Il a ainsi déclaré que de pieuses méditations l'avaient amené à penser que son état de célibataire était incompatible avec sa gloire nouvelle. Il a donc pris la grave décision de se marier. Avec qui ? Il a refusé de le dire, courtoisement d'abord, puis grossièrement devant l'insistance des journalistes. Il a toutefois promis de révéler son secret, dès sa sortie de retraite. Elle aura lieu en fanfare et aux flambeaux, selon le rite traditionnel du monastère dont, à toutes fins utiles, nous rappelons l'adresse : avenida Presidente-Erraguriz 3790. Tél. : 448-7.966. Compte chèque postal 1.182/80, Centre Antofagasta, officina Correo, n° 11, Providencia 1.388.

Ne dites pas : « *Roupie or not Roupie.* » Dites : « *Time is money.* »

*

La nuit tous les chats gris sont noirs.

*

Bonne randonnée vaut mieux que ceinture de chasteté.

*

Tant va la cruche à l'eau qu'à la fin elle est pleine.

*

Le proverbe : « Il n'y a que le premier pas qui compte » est inexact. En effet, les suivants sont rarement gratuits.

*

« Chose promise, chose due » est un proverbe dont on tient rarement compte dans les milieux officiels.

*

DERNIÈRE MINUTE

De Santiago du Chili :

M. Francisco Lopez vient de révéler à la presse l'élue de son cœur. Il s'agit de la toute charmante señorita Consuela del Suedo, fille cadette del señor Fermin Vivaceta del Suedo, riche producteur de guano et gros propriétaire de vignobles à Vina del Mar, proche de Valparaiso, et de la senora, née Conception y Pisagua y Sacorro y Mackena y Mapocho y Cariola y Madrugada y Balneario y Panimavida y Schtrumkopf y Calamar del Rio Blanco. En attendant les fiançailles prévues pour samedi en huit ou dimanche en neuf, M. Francisco Lopez a fait apposer sur la devanture de sa pharmacie une pancarte ainsi libellée : « Pour raisons matrimoniales, la fermeture provisoire de rigueur est remplacée par une clôture momentanée. »

« Ce que femme veut, Dieu le veut. » D'accord, mais je me demande quand même si Dieu veut vraiment que ma femme achète la garniture de bureau dont elle tient absolument à me faire cadeau pour la fête des paires de boutons de manchettes.

*

Celui qui a écrit : « Noël au balcon, Pâques aux tisons » doit croire, depuis son enfance, que le Père Noël a l'habitude de déposer sur un balcon des tisons fumants sans faire cuire les œufs de Pâques.

*

Le proverbe évoquant les cordonniers qui sont les plus mal chaussés, demeure valable pour les andouilles mal ficelées.

*

Au siècle du progrès, le très ancien proverbe : « Il ne faut jamais mettre la charrue avant les bœufs » doit être remplacé par : « Il est recommandé de ne pas mettre la pelleteuse mécanique avant le bulldozer. »

*

DERNIÈRE MINUTE

De Santiago du Chili :

Les fiançailles officielles del señor Francisco Lopez avec la toute gracieuse Consuela del Suedo ont été fastueusement célébrées avant-hier au cours d'un somptueux déjeuner servi en el restaurante Pinpilinpansha, avenida Antonio-Varas Eliodoro 1888, tél. 399-177. Les convives, composés d'une incroyable potée de parents et d'amis, étaient au nombre de 287 plus une bonne trentaine de resquilleros.

Au milieu du festin, Francisco Lopez a passé au doigt de sa promise, toute rougissante de virginal émoi, une bague de fiançailles en alliage d'or étamé et de cuivre guilloché, ornée d'authentiques pierres précieuses imitant les fausses à s'y méprendre, achetée le matin même, avec facilités de paiement, chez Guardiola y Barraca, les célèbres joailliers de l'avenida Isidora-Goyenechea 3270. Puis, il lui a administré une magistrale paire de claques afin de lui

faire perdre l'habitude de se moucher avec une pelle à tarte à la mode inca et de se faire sauter les points noirs à la casserole. Au dessert, chacun y est allé de son refrain et Francisco Lopez a fait battre bien des cœurs en l'honneur de sa belle et en dialecte typique araucan : « En avant les zouaves, dit la mère Michel en riant, ceux qui sont trop nouilles n'auront pas d'enfants. »
Les cérémonies du mariage civil et religieux sont prévues pour mercredi prochain, en matinée et en soirée.

Laisser aboyer les chiens pendant que la caravane passe, c'est prendre le risque de réveiller le quartier jusqu'à ce qu'elle soit passée.

*

Le très ancien dicton qui dit : « Chalom-sur-Marne » demeure également valable pour : « Chalom-sur-Saône ».

*

Par souci d'élémentaire respect de la vérité historique, il convient de rappeler que ce n'est pas François Villon, mais Charles de Gaulle qui a dit « Il n'est bon Québec que de Paris. »

*

C'est Benjamin Franklin qui a dit : « Patience et longueur de paratonnerre font plus que force ni qu'orage. »

DERNIÈRE MINUTE

De Santiago du Chili :

Le mariage del señor Francisco Lopez avec la toute gracieuse Consuela del Suedo a été célébré solennellement en la iglesia de la Recalata Franciscana, calle Recalata n° 220, en présence d'une assistance considérable et pieusement recueillie un peu partout. La bénédiction nuptiale devait être donnée par S. E. Antonio Varas-Eliodaro, cardinal-archevêque de Combarbala (provincia de Coquinmbo), cousin de la señora Dolores Schtrumkopf, tante de la mariée. Malheureusement, le cardinal, étant de nature extrêmement distraite, a commis la sainte mais fâcheuse erreur de donner l'absoute en sifflotant le *De Profundis* au lieu de la formule traditionnelle. Il a été immédiatement, mais respectueusement, escamoté puis remplacé, à soutane levée, par le R. P. Tabalaba-Lota, de la compagnie des frères pétroliers qui se trouvait, par hasard, au sein de l'assemblée.

Un déjeuner somptueux a suivi la cérémonie au restaurant El Rey de las Papas Fritas, galeria Antonio Varas, 1114. Un peu avant la furieuse bagarre qui ne pouvait manquer d'éclater entre les deux familles au moment de régler l'addition, les nouveaux mariés se sont éclipsés à l'indienne pour gagner leur nid nuptial, situé au-dessus de la pharmacie de l'avenida San Martin. Un appartement composé d'un élégant deux-pièces avec kitchenette, salle d'eau et W. C. à la turque, au fond du laboratoire d'analyses.

Pensées inclassables

DERNIÈRE MINUTE

De Santiago du Chili :

Une nouvelle pancarte orne désormais la devanture de l'officine de l'avenida San Martin. Elle est ainsi rédigée : « M. Francisco Lopez et Madame, à la suite de leur récent mariage, informent leur fidèle clientèle que la fermeture de leur pharmacie est prolongée, pour causes postnuptiales de réglage de consommation conjugale, d'allumage, de mise au point définitive, d'indispensable recharge d'accus mais aussi pour terminer leurs préparatifs de départ. »

Certains théâtres parisiens ont souvent flambé. Sans doute parce qu'ils avaient trop souvent mis à l'affiche des artistes ayant l'habitude de brûler les planches.

*

Le *sine qua non* n'est pas forcément beau-frère du *modus vivendi.*

*

Celui, ou celle, qui s'apprête à être guillotiné et reçoit, à cet ultime moment de son existence, une lettre recommandée, se doit de dire à son bourreau, en guise de dernière volonté : « Posez-la sur la table. Je la lirai tout à l'heure à tête reposée. »

*

Il n'avait pas dénoncé le coupable qu'il condamnait et fut condamné à sa place. Avant d'être écartelé, il lança : « Au moins, on ne pourra pas dire que je ne me serai pas mis en quatre pour mes amis. »

DERNIER QUART DE MINUTE

De Santiago du Chili :

Nous venons d'apprendre que M. Francisco Lopez et Madame s'embarqueront dans trois jours à l'aeropuarte Los Carillos San Antonio, à bord d'un boeing d'Air France, à destination de Paris. Le lendemain, le couple pharmaceutique sera officiellement reçu au palais de l'Élysée par le président de la République française pour fêter la saint Pruneau Cuit Pruneau Cru.

Les pensées d'un timide

(monologue discret
et quasiment autobiographique)

De Santiago du Chili :

Il est maintenant confirmé que, comme prévu, M. et Mme Lopez sont arrivés à 12 heures à Paris, par le vol AF 112 en provenance directe de Santiago du Chili. À leur descente d'avion, ils ont été accueillis par M. Joseph Isidore du Mollard du Smig, premier secrétaire adjoint au sous-directeur du protocole du palais de l'Élysée. Dès la fin des formalités traditionnelles, le couple a immédiatement pris la direction du faubourg Saint-Honoré à bord d'une fourgonnette bâchée décapotable, suivie par deux voitures officielles dans lesquelles s'entassaient huit motards d'escorte. En effet, encore embrumés par les fumées d'une fête organisée la veille à la caserne, ils avaient oublié leurs motos au garage.

À l'Élysée, le président de la République française et son épouse ont chaleureusement accueilli leurs invités. Ces derniers ont ensuite remis à leurs hôtes de somptueux cadeaux, parmi lesquels une canne à sucre plombée à bout platiné et à manche recourbé en forme de condor des Andes, un châle de l'archipel de los Conos, entièrement tissé à quatre mains, en fils arachnéens de guano richement sulfaté. M. et Mme Francisco Lopez ont ensuite pris congé du couple élyséen, mais un nouveau rendez-vous a été pris entre le président de la République française et le pharmacien aux fins d'un entretien en tête à tête dont la durée prévue est actuellement de quarante-cinq minutes.

Une information qui intrigue considérablement des milieux diplomatiques qui se demandent on ne sait trop quoi, mais se le demandent néanmoins très sérieusement et tout aussi anxieusement. Et réciproquement.

Le timide est un mammifère bimane, c'est-à-dire qui a deux mains. Il ne faudrait cependant pas inférer pour autant que tous ceux qui ont deux bras sont des bramanes.
La timidité remonte à l'époque glacière, ce qui explique, chez le timide, le manque de chaleur absolue dans ses manifestations extérieures.

Il est magistralement traité de la timidité en différents ouvrages, tels que le *Couillonnibus Illustribus*, d'un nommé Plutarque, mort en captivité pour infraction à la loi sur les transports en commun et dans diverses publications telles que *L'Avenir du bœuf en daube* et *Le Réveil de la Varlope*.

Les timides se classent en trois catégories, à savoir la première, la deuxième et la troisième. Elles n'ont d'ailleurs entre elles d'autres différences que le numéro, mais enfin, ça ne fait de mal à personne et ça encourage l'artiste.

Il ne faut pas confondre le timide et l'indécis. Le timide sait parfaitement ce qu'il veut, seulement il n'ose pas. Au moment de dire ou de faire ce qu'il pense ou ce qu'il veut, il est frappé d'une sorte de paralysie qui le stérilise aussi complètement que s'il avait déplu à des ennemis de son pays.

C'est ainsi qu'à un repas, le timide n'ose pas redemander du plat qu'il aime, pas plus d'ailleurs qu'il n'ose refuser de celui qu'il n'aime pas et que, généralement, on lui sert en quantité industrielle, parce que lorsqu'on lui demande s'il l'aime, il répond oui, n'osant dire non, alors qu'il pense non en disant oui.

Le timide est la proie rêvée pour les tapeurs professionnels. En effet, il n'ose pas refuser l'argent qu'on lui emprunte, ce qui est déjà bien, mais une fois qu'il l'a prêté, il n'ose plus le réclamer, ce qui est mieux. Quand, d'aventure, il se trouve devant son débiteur, il affiche un air tellement gêné qu'on a nettement l'impression que c'est lui qui doit de l'argent à celui qui lui en doit.

Lorsque le timide se livre à des achats, ça commence à devenir intéressant. Ainsi, au cours de l'essayage d'un costume, s'il s'aperçoit que le gilet est sensiblement plus long que le veston, il tentera bien de faire remarquer que ça ne va peut-être pas tout à fait très bien. Mais, si le tailleur lui fait péremptoirement observer que c'est ce qui se porte, il n'insistera pas.

Mais là où le timide se montre dans toute sa splendeur, c'est quand il est amoureux. Lorsqu'il se trouve auprès de la femme qu'il aime il a le cœur gonflé de sentiments chevaleresques et généreux. Des discours incandescents lui brûlent alors les lèvres, mais ne sortent jamais.
Enfin, prenant une résolution farouche, il se dit: « Je vais compter jusqu'à 500 et je me déclarerai. » Lorsqu'il arrive à 499, craignant de s'être trompé, il recommence à compter pour arriver enfin à sortir péniblement dans le genre de celle-ci: « Si la chaleur continue, ça nous évitera le verglas. » Et cela dure ainsi jusqu'au jour où il est pris soudain du courage des timides. Alors, perdant toute mesure, dépassant les plus extrêmes limites, il balance une énorme claque sur le derrière de la dame et lui dit à brûle-pourpoint: « Allez, on casse un œuf. » Ce qui compromet définitivement son avenir sentimental en le faisant passer pour le dernier des

goujats, alors qu'il ne rêve que de clair de lune et de chastes baisers, ce que personne, à part lui, ne saura jamais, puisque, malheureusement chez le timide, tout se passe en dedans.

DERNIÈRE MINUTE

De Santiago du Chili :

Il est maintenant certain que l'entretien privé entre le président de la République française et le pharmacien Lopez a eu lieu, comme prévu, hier à l'Élysée. À 15 heures précises, M. Francisco Lopez est entré dans le cabinet présidentiel. Il en est ressorti à 15 h 04 minutes en vol plané, pour aller atterrir, à bonne distance, dans les jardins, au milieu d'un buisson d'aubépines du Népal.

– Oh ! oh ! a alors murmuré le chef des huissiers, les Chiliens volent bas ce soir.

– Oui, c'est signe de verglas, a ajouté son subordonné préféré.

Quant à M. Francisco Lopez, le visage largement épanoui, il a déclaré aux journalistes venant de suivre la scène :

– Le geste apparemment inamical du président de la République française est, au contraire, pour moi, hautement honorifique. Le chef de l'État, qui connaît admirablement les coutumes ancestrales de mon pays, a tenu à me recevoir en pratiquant, en mon honneur, le salut rituel des Incas, sous la domination desquels le Chili se trouvait avant la conquête espagnole. Lorsqu'ils voulaient manifester leur amitié à des étrangers, ils les expédiaient d'un formidable coup de pied dans les fesses, le plus loin possible. Or, d'après mes calculs, votre président de la République m'a fait effectuer un saut de 65,72 mètres, alors que le grand roi Atabaliba, un colosse régnant en 1531, n'a jamais pu envoyer à plus de 49 mètres les étrangers qu'il souhaitait honorer. C'est dire en quelle estime me tient monsieur le président de la République française. Il m'a d'ailleurs fixé un nouveau rendez-vous, à la française cette fois-ci, pour mardi 11 h 45.

À l'issue de cette déclaration, M. Francisco Lopez s'en est allé rejoindre sa jeune épouse qui, en l'attendant, faisait une partie de craps à trois escudos le point avec le chef bagagiste de l'hôtel Matignon (4 étoiles) où le couple pharmaceutique occupe l'appartement 421.

DERNIÈRE MINUTE

De Santiago du Chili :

On vient d'apprendre que l'entretien privé entre le président de la République française et M. Francisco Lopez, prévu à Paris mardi à 11 h 45, n'a pu avoir lieu par suite d'un insolite malentendu. En effet, M. Lopez, soucieux de rendre hommage à son hôte et de l'honorer, a cru bon de se présenter à l'Élysée en tenue de gala de grand chef sorcier inca, coiffé d'un béret basque empanaché de plumes multicolores, chaussé de mocassins vert épinard, le torse drapé dans un poncho bigarré sous lequel apparaissait une tunique de caporal des mobiles de l'Ardèche. Les jambes serrées dans un pantalon en poil de guanaco à pattes d'éléphant, fendu au genou et orné de motifs plus ou moins avouables, il portait également à la ceinture un lasso, un tomahawk de chez Hermès, un totem de la Samaritaine, un carquois contenant des flèches empoisonnées par sa belle-mère, plus, autour du cou et en sautoir, un collier d'oreilles séchées et quatre scalps d'Espagnols du temps de la conquête. Quelque peu interloqué, le sous-officier de garde a immédiatement alerté le directeur du protocole, lequel a aussitôt donné un coup de fil, suivi cinq minutes plus tard, de l'arrivée d'un car de luxe de police secours « spécial VIP ». Des agents ont courtoisement fait monter notre homme et l'ont conduit, toutes sirènes hurlantes, au cirque Pinder où il a été accueilli avec enthousiasme. Le directeur lui a proposé de l'engager sur le champ et de débuter le soir même dans un numéro de pharmacien sauvage avec des suppositoires en cuivre de 2,5 kg chacun. Un coup de fil du ministre des Affaires étrangères en personne a mis fin à ce projet d'attraction. Dans les minutes qui ont suivi, M. Francisco Lopez a été reconduit à l'appartement 421 qu'il occupe à l'hôtel Matignon (carte American Express acceptée), où il a retrouvé sa charmante épouse.

Le président de la République française, mis au fait de l'événement, l'a pris avec bonne humeur et a fixé un nouveau rendez-vous au trop consciencieux potard pour dimanche prochain, à 14 h 30, au fort de Brégançon.

C'est pas rigolo d'être drôle

(confession sincère)

Chacun vient au monde avec son destin et marqué d'un signe exact et certain : sympathie, laideur, bonté, méchanceté, nous allons ainsi dûment étiquetés...
Moi, quand je vis le jour, on s'est écrié : « Il a une bonne bouille, il fera rigoler. » Ainsi, je suis né, c'est bien établi, sous le signe comique. Ah ! quel fardeau pour mes épaules ! c'est pas rigolo d'être drôle.

Donc, je dois être drôle continuellement et n'ai pas le droit d'agir autrement. Même lorsque je fais une gueule d'enterrement, il y a des gens qui disent : « Ce qu'il est amusant ! »
Quand je me suis marié, ce fut désastreux. M'ayant reconnu, le maire, tout joyeux, dit à ma moitié : « Félicitations, je connais votre mari, c'est un grand couillon ! »
Lorsque mon tailleur m'essaye un vêtement, je lui dis : « Faites-moi quelque chose d'élégant. » Mais

comme il rigole à tout ce que je lui dis, ses mouvements ne sont pas tout à fait précis. Aussi, quand je mets le costume terminé, le gilet m'arrive presque jusqu'aux pieds, le veston a l'air d'un moteur flottant et le tailleur me dit : « Là, vous êtes marrant ! »
Parfois, ma femme me traîne au Printemps ou bien aux Galeries Lafayette. Alors là, c'est charmant. Afin de soutenir ma réputation, je fais de bonnes blagues à tous les rayons. Quand je vois un vendeur distingué qui porte un bouc, je fais bê...ê. Au bout d'un quart d'heure, mon épouse me dit : « Tu m'énerves, idiot, fous-moi le camp d'ici ! »
Si d'aventure, je suis alité et que mon thermomètre marque quarante degrés, les copains se disent en se tire-bouchonnant : « Voilà qu'il est malade : ça c'est bidonnant ! Ah, quel numéro, il le fait exprès ! Sacré phénomène, il ne changera jamais. »
Là-dessus, ils concluent en se séparant : « Il va peut-être claquer, ça, ce serait crevant ! »
Ce sera comme ça jusqu'au dernier jour. La folie sur moi planera toujours. Et les gens diront quand je serai dans le trou : « Il nous a fait rire. » Et ce sera tout...
Si au Paradis on me laisse entrer, le bon Dieu me dira : « Tu l'as bien gagné. Tu les as fait rire, viens te reposer. Il y en a tant sur terre qui les font pleurer. »
Quand j'y pense, ça me console. Finalement, je suis bien content d'être drôle.

DERNIÈRE MINUTE

De Santiago du Chili :

L'entretien privé que le président de la République française avait réservé à M. Francisco Lopez pour dimanche à 14 h 30, au fort de Brégançon, a été, une fois de plus, voué à l'échec. Pourtant soucieux d'être exact au rendez-vous, M. Francisco Lopez, seul au volant d'une 2 CV grand sport aimablement prêtée par l'ambassade, avait pris le départ à 6 h 45 pile. Il s'était tout à fait normalement engagé sur la Nationale 7, puis, à la suite d'une manœuvre inexplicable, s'est perdu dans la banlieue de Lyon, est reparti au pifomètre pour se retrouver, après d'incroyables détours, dans un village de montagne proche de Briançon. L'approximative similitude de nom lui laissa à penser qu'il se trouvait enfin tout près de sa destination. Il demanda alors à un villageois où se trouvait le fort. Celui-ci, après un court instant de réflexion, lui a répondu :

– Monsieur Fort, vous voulez dire ? C'est lui qui tient le café-tabac à cinquante mètres d'ici...
Aussitôt dit, aussitôt fait. Quelques instants plus tard, M. Francisco Lopez pénétrait dans le café et demandait qu'on l'annonçât au président de la République. Le prenant pour un déséquilibré, le brave commerçant a alerté la gendarmerie qui a aussitôt dépêché un brigadier pour contrôler les papiers du pharmacien itinérant. Au vu du carton officiel signé de la propre main de monsieur le président de la République française, il s'est empressé de téléphoner au fort de Brégançon. Le sous-chef adjoint au secrétariat général particulier et privé du directeur de cabinet, mis au courant de la situation, a répondu que monsieur le président de la République commençait à en avoir par-dessus l'inconditionnel de M. Francisco Lopez mais que, néanmoins, il lui accordait un nouveau rendez-vous pour le mercredi suivant à 19 heures au bar de l'Élysée-Matignon. Le potard a ensuite repris

la direction de Paris où il est arrivé vers cinq heures du matin. Il a alors retrouvé sa tendre épouse en train de frapper à coups redoublés et avec une machette sur une table de bridge qu'on lui avait livrée dans la journée, en vociférant à tue-tête :

– *Gracias, señor Ségalot, eso es mueble !*

De Santiago du Chili :

La nouvelle s'est répandue comme une traînée de poudre dans la capitale chilienne. L'entrevue entre le président de la République française et M. Francisco Lopez s'est enfin déroulée mercredi dernier au bar de l'Élysée-Matignon. En présence de ses principaux ministres, le chef de l'État a largement évoqué l'extraordinaire personnalité et les dons exceptionnels du pharmacien. Puis, en raison de la grave tournure que risquent de prendre certains futurs événements, il lui a proposé d'entrer dans les services secrets français en qualité d'agent spécial itinérant toutes catégories, sous l'immatriculation O.S. 3,1416 et en vue de missions ultérieures très importantes. Après avoir chaleureusement accepté, M. Francisco Lopez a pris congé de son hôte et a filé de toute urgence à l'appartement 421 de l'hôtel Matignon (cartes bleues acceptées). Après avoir fait ses bagages, le couple pharmaceutique est monté à bord d'une voiture blindée, a rejoint l'aéroport et s'est envolé à bord du vol AF 083, à destination de Santiago du Chili. Le nouvel agent réglera sa situation administrative et ses affaires avant de revenir à Paris. Cela n'empêchera pas, toutefois, la pharmacie Lopez d'être de garde, de gré ou de force, dimanche prochain à Santiago du Chili !

TABLE

5619

Achevé d'imprimer en Europe (Allemagne)
par Elsnerdruck à Berlin
le 20 septembre 2000.
Dépôt légal octobre 2000. ISBN 2-290-30345-3

Éditions J'ai lu
84, rue de Grenelle, 75007 Paris
Diffusion France et étranger : Flammarion